MODERNE GIEBELHÄUSER

Traditionelle Form – innovatives Konzept

Andreas K. Vetter

MODERNE GIEBELHÄUSER

Traditionelle Form – innovatives Konzept

Callwey

Inhalt

Einleitung

Als im Jahr 1997 die französische Architektengruppe Périphériques einen Wohnhausentwurf unter dem Titel *Maison Icône* (**Abb. 1**) vorstellte, deutete sie damit auf eine bemerkenswerte Entwicklung in der Formfindung zeitgenössischer Architektur. Diese bautypologische Tendenz lässt sich vor allem bei Einfamilienhäusern beobachten und tritt insbesondere im deutschsprachigen Europa sowie den Niederlanden auf. Das, was unter dem Begriff »Das zeichenhafte Haus« zum Ausdruck gebracht wird, widerspricht dem grenzenlosen Pluralismus der Gestaltung, der inzwischen nahezu in allen Bereichen wirksam ist. Es richtet seine kreative Kraft gegen das austauschbare Kataloghaus der Vorstädte und bemüht sich erfolgreich um eine Revitalisierung der individuellen und ästhetisch anspruchsvollen Beziehung des Bauherrn zu seinem »Wohn-Ort«. Nicht umsonst fanden sich einige der in diesem Buch angesprochenen Entwürfe in der Bildwand des erfolgreichen deutschen Biennale-Beitrags 2004, als Teil einer architektonisch sprachfähigen »Deutschlandschaft«.

Nach unzähligen Stilepochen, theoretischen Konzepten und gestalterischen Visionen, die bisher in

1

vielen Architektengenerationen erarbeitet wurden, orientiert man sich in den hier thematisierten Entwürfen auf verblüffend prinzipielle Weise wieder am Urbild der Bauaufgabe »Wohnhaus«. Durch die reine Kontur des Giebelhauses als einer Kombination aus einem Wohnkasten mit bündig aufgesetztem Satteldach soll der unübersichtlichen Vielfalt der Formen ein starkes Motiv entgegengesetzt werden. Und in der Tat: Mit dem freigestellten »Giebel« und dem klaren Baukörper gewinnt das Haus seine Außendefinition wieder.

Insbesondere seit den 1990er-Jahren entwickelt sich dieser zeichenhafte Typus als ernst zu nehmende Alternative zum Flachdachbau und dem allgegenwärtigen Ziegeldachhaus mit Dachüberstand und zerklüftetem Umriss. Vor allem junge Architekten lassen sich von der Faszination des Zeichenhaften sowie der inhaltlichen Tiefe dieser »Urform« im theoretischen wie philosophischen Sinne zu entsprechend konzipierten Entwürfen überzeugen. Dass sie hierbei humorvoll auch auf den Topos des »Kinderhauses« (**Abb. 2**) anspielen, machte diese neue Welle sowohl bei der Presse und als auch bei privaten Bauherren bekannt und schnell zugänglich.

Die Rückkehr zur einfachen Silhouette scheint dabei aber keineswegs auch einen einfacheren Entwurf zu ermöglichen. Im Gegenteil: Die Aufgabe, sich strikt an die Konturlinie zu halten, fordert vom Architekten einen besonders intelligenten und raffinierten Umgang mit Raum und Funktion. Die Reduktion der Ausdrucksform auf ein klares und unmissverständliches Motiv, so empfinden viele der Auftraggeber, macht das Gebäude – sei es Wohnhaus, Schule oder Fabrik – wieder zum »Haus an sich«. Sind die Satteldächer nun dem Zwang örtlicher Bauvorschriften oder der einfühlsamen Anpassung an regionale Traditionen geschuldet, die Architektur erfährt in Gestalt des »Giebelhauses« eine spannende Wiederbelebung, die zudem durch die in Form und Material einzigartig konsequente Ausarbeitung von Fassade und Dach charakterisiert wird (**Abb. 3**).

Im ausgebauten oder als firsthohem Luftraum inszenierten Dachgeschoss gewinnt das Gebäude darüber hinaus attraktives Zusatzvolumen. Es spricht demnach vieles dafür, sich diesem »Konturhaus« genauer zuzuwenden.

2

3

Abb. 1
Périphériques Architectes (Paris), Projekt *Maison Icône*, 1997

Abb. 2
Veronika Demuth (5 Jahre), »Unser Haus«, 2002

Abb. 3
heide von beckerath alberts architekten (Berlin), *wunschhaus #1*, Hamburg-Sülldorf, 1999

Ein Typus und seine Geschichte

Das Zeichen

Die besondere Qualität des Konturhauses ergibt sich aus seiner Zeichenhaftigkeit. Es wurde Symbol für das »Haus an sich«, für das »Architektonische«, weil seine einfache Silhouette inmitten der Vielfalt des Gebauten und Baubaren Inhalte im Zusammenhang mit Architektur klar und unmissverständlich vermitteln kann. Bereits die jungsteinzeitliche Gesellschaft kommunizierte über die konstruktiv fundamentalen Muster Dreiecksdach und Kastenhaus, wie eine der berühmten *Valcamonica-Felsenritzungen* (**Abb. 4**) belegt.

Typografie

Der spezifische Einsatz der Kontur des Giebelhauses im Sinne eines neutralen und universellen Zeichens entwickelte sich jedoch erst in den zwanziger Jahren des letzten Jahrhunderts, als man sich unter anderem am Weimarer Bauhaus mit einer neuen Medientechnik, der Typografie, beschäftigte, dem Beginn des modernen Grafikdesign. Im Zusammenhang mit neuen Anforderungen im Bereich der Kommunikation innerhalb des wachsenden Verkehrs und Informationsaustauschs aber auch moderner industrieller Fertigungsanlagen entstand ein Bedarf für rational strukturierte und schnell erfassbare Zeichensysteme. Nicht nur die zeitgenössische grafische Entwurfsarbeit, sondern auch Erkenntnisse der Gestaltpsychologie bestätigten den Typografen, dass insbesondere das Prinzip der Einfachheit zur optimalen Vermittlung von Inhalten beiträgt. Folglich begann man, mit Primärformen in einfacher Lineatur und leicht erkennbaren Kontrasten zu arbeiten. Bestand zuvor der Ehrgeiz von Gestaltern und Schriftsetzern in kunstvoller Reflexion oder genauer Darstellung, so versuchten nun Designer und Layouter eine Umsetzung der komplexen Welt durch gestalterische Rückführung auf Elementarformen und -zeichen. Dies funktionierte dann besonders gut, wenn sich Wortspiele einsetzen ließen, so beispielsweise in Laszlo Moholy-Nagys *Signet* für den Bauhaus-Verlag (**Abb. 5**) mit den Komponenten Quadrat und Dreieck.
Eine andere Entwicklungslinie, die sich mit der dreidimensionalen Erscheinung der beiden Formen auseinander setzt, kann auf eine deutlich längere Geschichte

4

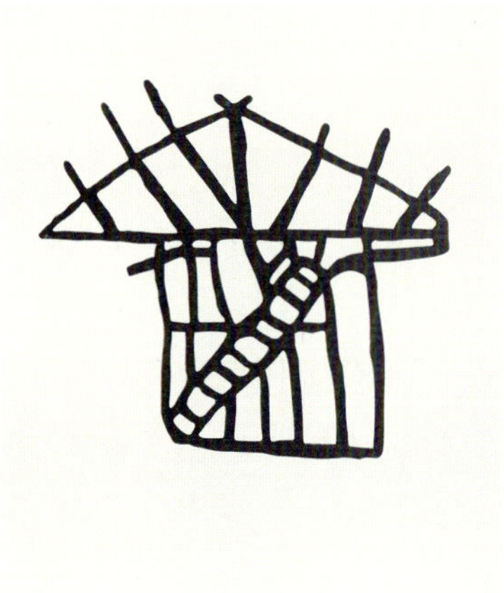

5

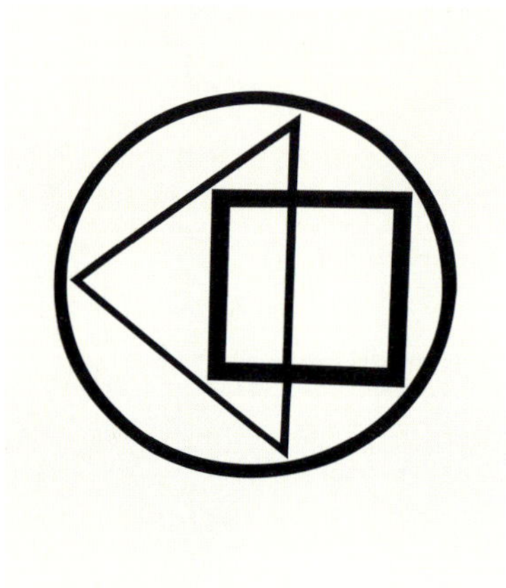

6

Abb. 4
Felsenritzung, Valcamonica, Iseo-See bei Brescia, Jungsteinzeit (ca. 5500 bis 1800 v. Chr.)

Abb. 5
Laszlo Moholy-Nagy, Signet der Bauhaus-Bücher, 1923

Abb. 6
Piktogramm: DDR, Warenhaus-Leitsystem: Schirme, 1970er-Jahre

zurückblicken. Sie beginnt mit dem preußischen Reformpädagogen Friedrich Fröbel, der schon in der ersten Hälfte des 19. Jahrhunderts einfache Klötzchen in einem Baukasten für Kinder zusammenstellte, dessen Nachfolgeprodukte später zu den Lehrmitteln einiger Architekten der klassischen Moderne gehörten. Die von Kinderhänden zusammengefügte Kombination aus Würfel und räumlichem Dreieck symbolisierte im ursprünglichsten Sinne das Haus an sich und besaß zweifelsohne eine maßgebliche Wirkkraft auf die Entwürfe der später Erwachsenen. Einer von ihnen, Bruno Taut, nahm darauf Bezug, als er 1924 ein auf diese Weise gestaltetes Kinderhaus auf den Einband seines Ratgebers »Die neue Wohnung« setzte. In diesem Plädoyer für eine moderne Architektur kommentierte er, dass vor allem »jene einfachen Häuser« von Bedeutung wären, »die in ihrer klaren Kantigkeit so unschuldig dastehen, wie wenn sie eben aus der Spielschachtel genommen wären«. Wie nahe wir uns damit den in dieser Publikation vorgestellten Konzepten befinden, wird im zweiten Teil des Buches an vielen aktuellen Beispielen deutlich.

Piktogramm

Doch zurück zur Typografie: Auch in Wien und den USA entstanden zur selben Zeit ähnliche Verfahren, aufgrund derer ein heute überall gegenwärtiges System von Bildzeichen entstand, die Piktogramme. Sie können im Prinzip von jeder Person ohne Vorwissen und Sprachkenntnis gelesen werden und wurden schnell unverzichtbarer Bestandteil der visuellen Kommunikation. Dass die Architektur rasch Aufnahme in die Zeichensysteme fand, ist zweifelsohne auf die Geometrie zurückzuführen. Die Kombination der geometrischen Grundformen Quadrat und Dreieck, deren elementare Aussagekraft bereits seit Platon bekannt war, erlaubte auf einfachste Weise die Repräsentation eines Bauwerks. Das Zeichenspiel »Das ist das Haus vom Nikolaus« popularisiert dieses zeitlose Prinzip, indem es den Ausführenden erlaubt, mit einer in einem einzigen Zug gezeichneten simplen Linienfolge ein giebelständiges Häuschen auf das Papier zu bringen, in seiner Fassade zwei gleichsam statisch korrekt eingefügte Kreuzbalken. Dieses Zeichen ließ sich derart allgemeingültig verwenden, dass es die Grafiker Ott + Stein sogar als Signet für Deutschlands erste Architekturgalerie Aedes in Berlin einsetzten. Reduzierte man diese ohnehin schon einfache Zeichnung dann noch weiter auf die reine Konturlinie, so erzeugte man ein perfektes Piktogramm. Bemerkenswert ist die semiotische Qualität des Hauszeichens, die allgemeine und internationale Gültigkeit garantiert, obwohl sich regionale Bauweisen allein schon in Europa zum Teil extrem unterscheiden. Die Silhouette des Haus-Piktogrammes entspricht im Grundsatz überall einem ein- oder zweistöckigen Giebelhaus mit manchmal steil aber auch flach geneigtem Dach, das vor allem seit den 1960er-Jahren über keinen Überstand mehr verfügt, wie anhand des Warenhauszeichens (Abb. 6) aus DDR-Zeiten sichtbar wird.

7

8

Abb. 7
Logo einer Immobilienfirma (Japan), 1980er-Jahre

Abb. 8
Robert Venturi (Philadelphia), *Franklin Court*, Philadelphia, USA, 1972–76

Motiv

Die Verwendung des typografischen Kürzels »Haus« als Firmensignet (Abb. 7) für Bausparkassen, Hochbau- oder Immobilienunternehmen ist darüber hinaus in seiner Vielzahl und spezifischen Ausführung inzwischen unüberschaubar. Dies betrifft sogar Länder wie Japan, die im Prinzip zwar auch über eine einfache Hüttenbauweise verfügen, deren Architektur sich klischeehaft jedoch eigentlich auf den Holztempel oder die Bauten der Kaiserzeit mit ihren ausladenden Satteldächern beziehen müsste. Warum aber wählte man, wenn es schon um die Versinnbildlichung des Architektonischen geht, nicht einen der echten Vertreter internationaler Baukultur, ein Meisterstück oder Idealbauwerk, man denke an das *Pantheon*, *Schloss Neuschwanstein* oder Le Corbusiers *Villa Savoye*? Die Antwort lautet schlichtweg: Sie sind zu komplex – sowohl die Heterogenität der Funktionen dieser Gebäude als auch Konstruktion, Außengestalt und die Vielzahl der assoziativen Verknüpfungen machten es selbst ihren Architekten unmöglich, sie mit wenigen Worten oder Strichen adäquat darzustellen. Die einfache Kontur ist aber unschlagbar, was ihre Kommunikationsfähigkeit anbelangt – die nachvollziehbare Gestalt des virtuellen *Benjamin-Franklin-Hauses* in Robert Venturis Stahlumriss (Abb. 8) bestätigt dies augenfällig.

Diese unverwechselbare Signifikanz reizt natürlich immer wieder zur Reflexion im Produktdesign. Bei etwas Nicht-Architektonischem, das uns räumlich als hausförmiges Behältnis entgegentritt, ist lediglich das Größenverhältnis zu berichtigen, um dem Vorbild so nahe zu kommen, dass die Ermittlung des Bezuges offensichtlich wird. Handelt es sich dabei um einen Postkasten, eine Hundehütte, ein Holzhäuschen für Gartengeräte oder ein gläsernes Blumenhaus, so lässt sich durchaus jener Verweis auf den großen Formgeber, den Satteldachhaus-Typ, erkennen. Diese Anspielung verankert einerseits das Objekt im architektonischen Umfeld, andererseits erlaubt sie psychologische Assoziationen von Heimat und Geborgenheit. Aus der ungeheuren Vielzahl der vor allem in der Postmoderne beliebten Zitatformen – wer denkt dabei nicht an Sottsass, Graves und Kollegen – seien zwei Beispiele aufgeführt: Mit dem wortspielenden Titel *Hausbürste* verhelfen die Berliner Designer Martini & Meyer ihrem Produkt (Abb. 9) zu einer marktfreundlichen Sprachfähigkeit und changieren mit ihrem Scheuerobjekt zwischen Spielzeug und Designartikel. Aldo Rossis *Cabina dell'Elba* (Abb. 10) dagegen nutzt nicht nur ihre Größe als 1:1 Kopie italienischer Strandkabinen sinnvoll zur Verwendung als Kleiderschrank, sondern übernimmt im grafischen Werk des Architekten zudem eine symbolische Rolle als Ikon des Architektonischen. Vielfach findet sie sich in den bunten Visionen Rossis, postiert zwischen monumentalen Großbauten als lustiges kleines, leicht klassizistisch inspiriertes Häuschen. Und der Architekt bestätigte dies: »Die Kabinen, in Gestalt kleiner Sommerhäuser, erscheinen in meinen Zeichnungen, weil ich in ihnen immer eine Art der Zusammenfassung oder Reduktion des Architektonischen gefunden habe.«

9

10

11

Abb. 9
Martini & Meyer (Berlin), *Hausbürste*, 2002

Abb. 10
Aldo Rossi, Schrank *Cabina dell'Elba*, 1979

Abb. 11
Oswald Mathias Ungers (Köln), *Deutsches Architekturmuseum Frankfurt am Main*, 1979–84

Selbstverständlich ist die Nähe dieser hochgeschätzten Zeichnungen Rossis zur bildenden Kunst groß, und auch auf diesem weiten Feld der Formen und Ideen zeigt sich der bildgewordene Topos des schematisierten Hauses zuhauf. Es beginnt mit einfachen Kritzeleien steinzeitlicher Höhlenmenschen und führt über die schlichten Häuschen in den Bildwelten der italienischen Frührenaissance zu den bewusst formal reduzierten in den Landschaften Paul Cézannes, die dann als grafische Kürzel bei Klee und später, beispielsweise seit 1980 in den Plastiken Allan Wexlers oder bei Vito Acconci, eindrücklich wieder auftauchen.

Doch zurück zur Architektur: Nur wenige Jahre nach Rossis *Cabina* fand das Ikon des klassischen Giebelhauses seine gleichsam institutionelle Bestätigung und signalhafte Erhebung – in Frankfurt am Main. Im Inneren einer von Oswald Mathias Ungers zum Deutschen Architekturmuseum adaptierten Villa erhebt sich ein quadratisch proportionierter Kern, an dessen Spitze, im Dachgeschoss, das »Urhaus« thront: ein durchfensterter rechteckiger Kasten mit glattem Satteldach aus weiß gestrichenem Beton, innen ebenso leer und hohl wie das gesamte Gebilde (**Abb. 11**). Von oben herab strahlt Licht auf das Ikon der Architektur, das sich formal einem Hybridbau aus antikem Schatzhaus und einem Wohnhausentwurf der zwanziger Jahre gleich gibt. Angesichts der um ihn herum arrangierten Dauerausstellung zu den Höhepunkten der Architekturgeschichte stellt sich die Frage, was zu dieser spezifischen Gestalt geführt haben mochte, da aus intellektuellen oder ästhetischen Gründen eigentlich ein Säulentempel oder die Spitze des *Chrysler Buildings* näher gelegen hätte. Dem Architekten, in dessen Werk auf eine ähnlich signalhafte Weise wie bei Rossi immer wieder das Motiv des Giebelhauses vorkommt, war es Anliegen, den Typus des Gebäudes mit dem Ziel einer Verbildlichung der Ureigenschaften des Architektonischen hervorzuheben. Im Zentrum des Museums steht also ein Zeichen für die Architektur als Bau-Kunst, »die ihr Thema aus sich selbst bezieht«.

12

13

Abb. 12
Jacques Aliamet (nach Charles Eisen), Titelblatt zu Marc-Antoine Laugiers »Essai sur l'Architecture«, 1753

Abb. 13
Giovanantoni Rusconi, Darstellung von Haustypen nach Vitruv, 1590

Von der Urhütte zum Kleinhaus

Urhütte

Jeder Architekt hat ihn irgendwann einmal betrachtet, den berühmten Stich (**Abb. 12**) zu Marc Antoine Laugiers »Essai sur l'architecture« (1753). Und ebenso wahrscheinlich ist auch, dass ihn eine Entwurfsaufgabe während des Studiums an das Thema des grundständigen, des einfachsten Hauses heranführte, das uns mit den nötigsten Wohnansprüchen aufnehmen kann. Beiden liegt der Topos des »Urhauses« zugrunde, einmal im Sinne einer ideellen Beschäftigung mit den Anfängen der Architektur an sich und zum anderen in der Konzentration des Planens auf das Wesentliche des Bauens, auf die fundamentalen Elemente des Wohnhauses.

Als sich die ersten Theoretiker der Renaissance mit diesen Fragen beschäftigten, nahmen sie Bezug auf die wohl älteste umfassende Schrift zur Architektur: »De architectura libri decem«, verfasst um das Jahr 20 v. Chr. durch den Römer Marcus Vitruvius Pollio. Vitruv beschrieb eine harmonische Ursituation der menschlichen Existenz, die sich im Einklang mit der Natur befand, und schilderte den frühesten Kontakt mit der Architektur – in Gestalt der vitruvianischen »Urhütte«:

> *»Der Mensch will sich seine Unterkunft schaffen, die ihn schützt, ohne ihn unter sich zu begraben. Einige im Wald abgeschlagene Äste sind das für seine Zwecke geeignete Material. Er wählt die vier stärksten aus, die er senkrecht, im Quadrat angeordnet, aufstellt. Er verbindet sie mit vier anderen, die er quer über sie legt. Darüber breitet er von zwei Seiten Äste, die sich schräg ansteigend in einem Punkt berühren. Diese Art Dach wird mit Blättern so dicht bedeckt, dass weder Sonne noch Regen eindringen können, und so hat der Mensch jetzt eine Unterkunft. Allerdings werden ihn in seinem nach allen Seiten hin offenen Haus Kälte und Hitze sehr unangenehm; er wird also den Raum zwischen den Pfeilern ausfüllen und auf diese Weise geschützt sein.«*

Jenes erste Bauwerk also stellt der erwähnte Stich dar, und er interpretiert diesen epochalen Schritt der Menschheit aus der Höhle als gleichsam göttlich-kulturelle Fügung. Betrachtet man jedoch dieses nun bereits über 2000 Jahre hinweg als Urtypus des Hauses präsentierte Gebäude unter bautypologischen Gesichtspunkten, so ist es nichts anderes als ein hölzernes Giebelhäuschen. In ihm fanden die frühen Forscher zu ihrer Zufriedenheit zweierlei: Einerseits sah man in dem sich aus den Dachästen bildenden Giebel und den tragenden Stämmen die Vorform des klassischen Tempels mit Tympanon und Säulen und meinte, in diesem ersten Bauwerk den Beginn der menschlichen Kultur erkennen zu können. Andererseits schienen Vitruvs Sätze die These einer funktionalen und konzeptionellen Vorprägung des kleinen Hauses zu belegen, wie es während ihrer Zeit in vielen Gegenden der bekannten Welt zum Einsatz kam – Giovanantoni Rusconi (**Abb. 13**) erschien dies im 16. Jahrhundert so plausibel, dass er die

Abb. 14
Häuschen am Nymphenburger Kanal, München, 18./19. Jahrhundert

Abb. 15
Heinrich Tessenow, Entwurf für eine ländliche Siedlerstätte, 1919

Abb. 16
Franz Stadler, Siedlungshaus, Mustersiedlung Ramersdorf bei München, 1934

14

15

16

Beschreibung Vitruvs mit der ihm bekannten deutschen Bautradition parallel setzte.

Auch wenn in den folgenden Jahrhunderten viele neue Erkenntnisse über das bauliche Schaffen in der menschlichen Ur- und Frühgeschichte eine große formale Vielfalt der Wohnhütten und Lagerhäuser rekonstruierten und noch existierende Urstämme in Flachhütten, in Rund- oder Ovalbauten leben, so hat sich das Muster doch mit zumindest den mitteleuropäischen Kulturkreis betreffender Berechtigung festgeschrieben. Seien es die steinzeitlichen Schwellenständerbauten der Siedler oder mittelalterliches Fachwerk, der Europäer errichtete seine grundversorgende Architektur, sofern es sich um einzeln stehende Bauten handelte, im Prinzip nach einem Basiskonzept: vier, im rechten Winkel zueinander angeordnete Wände und ein darauf sitzendes Satteldach mit leichtem Überhang, um das Wasser mit Abstand abtropfen zu lassen. Doch auch große Bauwerke unterlagen diesem pragmatischen Grundsatz und beeindrucken heute insbesondere wegen der ihre Monumentalität unterstützenden Einfachheit der Silhouette. Man denke an antike und mittelalterliche Regierungs- und Kultbauten, wie die *Konstantinsbasilika* in Trier aus den Jahren um 310 n.Chr., die *Aula Regia* in Oviedo – vollendet um 850 n.Chr. – oder das Westwerk des *Mindener Doms* aus dem 12.Jahrhundert, das sich wie ein überdimensionales Steinhaus noch vor die Turmanlage stellt.

Siedlungshaus

Das so genannte Urhaus wurde also über Jahrhunderte zum Archetyp des einfachen Siedler- oder Arbeiterhauses (**Abb.14**) und entwickelte in einfacher, pragmatischer Ausführung mit Feldsteinfundament, tragender Holzkonstruktion, Außenverkleidung durch Bretter, Schindeln oder Putz sowie Ziegeldeckung einen Standard, der bis zur Landflucht und dem Mietskasernenbau im 19.Jahrhundert hinein Vorstädte, Dörfer und Landschaften prägte.

Als es nach dem Ersten Weltkrieg darum ging, neue ländliche Heimstätten für kriegsgeschädigte Siedler und Arbeiter einzurichten, griff auch der längst modern denkende Großstadt-Architekt zum in sich schlüssigen Traditionstypus des einfachen Giebelhauses. Heinrich Tessenows *Entwurf einer Siedlerstätte* von 1919 (**Abb.15**) gerät dabei gleichsam selbst zum Urbild der aktuellen Häuser, die im zweiten Teil dieses Buches vorgestellt werden. Seine Prämissen der Funktionalität und der ökonomischen Herstellung bedingen einen auf engstem Raum um die zentralen Aufgaben des Wohnens und ländlichen Arbeitens gefügten Baukörper, der zur Minimierung der Baukosten auf Anbauten und auch auf den Trauf- und Dachüberstand verzichtet. Das Holzfachwerk ist mit Brettern verschalt, sein knappes Satteldach sitzt auf einem 1,20m hohen Kniestock.

17

18

Abb.17
Max Bill,
Atelierhaus Bill,
Höngg, Schweiz,
1932–33

Abb.18
Erhard Rommel / Erich Wiemken,
Haus Nr.23,
Kochenhofsiedlung,
Stuttgart, 1933

Vorkriegszeit

Handelte es sich später, in den 1920er- und 1930er-Jahren, ebenfalls wieder um grundversorgendes Bauen, so findet sich in den zahlreichen Siedlungshäusern dieser Zeit (**Abb. 16**) erneut das bekannte Muster mit einfachem Mauer- oder Holzbaukarree sowie der haltbarsten Dachversion, dem Giebeldach in Ziegel- oder Schieferdeckung. Bemerkenswert sind Bruno Tauts Berliner Siedlungen *Hohenschönhausen* und *Eichkamp* von 1926–27, bei denen der Architekt die extrem ruhig gezeichnete Kontur der Reihenhäuser durch eine farblich abgesetzte Linie noch besonders hervorhob.

Max Bills eigenes *Haus mit Atelier* (**Abb. 17**) im schweizerischen Höngg gehört dann schon zu den architekturhistorischen Schwellenbauten und erfuhr bereits in seiner Planungszeit die gestalterische Einflussnahme örtlicher Bauvorschriften. Der aus vorfabrizierten stockwerkhohen Wandelementen erstellte Bau entspricht als rechteckkubischer Hauskasten mit einer funktionalistischen Innendisposition den Grundsätzen der klassischen Moderne. Gleichzeitig verlangte die Gemeinde ein Satteldach, das Bill dann sehr flach und in Kupfer ausgeführt aufsetzte. Der Aufsehen erregende Kamin wurde 1940 angefügt. Während dieser in gewissem Sinne als Vorläufer der heute so beliebten freistehenden Chromrohre zu sehen ist, entstand mit Bills *Atelierhaus*, gleichzeitig zu ähnlichen Neuformulierungen unter anderem im Kontext der Stuttgarter *Kochenhofsiedlung* (**Abb. 18**), eine Vorform des in der Folgezeit so beliebten Ein- oder Zweifamilienhauses in Gestalt eines zweistöckigen Kastens mit niedrigem Satteldach. Jene noch in den zwanziger Jahren eher hoch aufragend gezeichnete Kontur, die die Folge eines engen Grundrisses sowie der obligaten Dachkammer war, streckte sich nun unter dem Einfluss der klassischen Moderne in Richtung eines schlichten, funktional flach gestreckten Baukörpers.

Die fünfziger Jahre

Beim simplen Einfamilienhaus (**Abb. 19**) der Nachkriegszeit ergibt sich die eng gezeichnete Silhouette aus der notwendigen Ökonomie der Mittel: Keine teuren Anbauten oder Erker, ein Dachüberstand existiert maximal in halber Ziegelbreite, lediglich die Rinnen führen zum Herausragen über die Wandflucht. Ab den 1980er-Jahren dann gerät dieser schlichte Kleinhaustyp mit seiner ebenso ästhetisch reizvoll reduzierten wie funktional überzeugenden Kastenform wieder in den Blickpunkt der Architekten und wird quasi zum Ausgangspunkt einer kleinen Reform des Einfamilienhauses. Dies ist das Thema unseres Buches und kommt in einem der folgenden Kapitel ausführlich zur Darstellung. Wie sich am Beispiel eines *Wohnhaus-Umbaus* (**Abb. 20**) der Stuttgarter Architekten Schwarz.Jacobi zeigt, lassen sich aber auch die inzwischen fünfzigjährigen Originale mit einigem Einfühlungsvermögen attraktiv modernisieren, ohne dabei ihre formale Eigenständigkeit zu verlieren.

Abb. 19
H.U. Krauss / H.H. Schlüter, *Einfamilienhaus*, Frankfurt am Main, um 1958

Abb. 20
Schwarz.Jacobi Architekten (Stuttgart), *Wohnhaus mit Büro*, Stuttgart, 1952 / Umbau 2003

19

20

Ein Vorfahr aus Amerika

Ein anderes gestalterisches Vorbild, das trotz seiner fernen Abkunft erstaunlich richtungsweisend wirkte, findet das Konturhaus in den spartanischen Formen des nordamerikanischen Holzhauses. Dieses wurde seit dem 17. Jahrhundert unter Einfluss skandinavischer und englischer Einwanderer vor allem in den nordöstlichen Staaten der USA entwickelt. Das traditionelle *New England Frame House* gehört dabei zu den ersten stilistisch eigenständigen Wohnarchitekturen der jungen USA. Man errichtete es zumeist einzeln stehend mit separierten Lager- und Werkhäusern – bestes Anschauungsmaterial liefern die *Shaker Villages* in den Staaten New York oder Massachussetts. Aufwändig war hier die Verwendung dicker Balken, auf eine langwierig herzustellende Ziegeldeckung verzichtete man zugunsten von Holzschindeln und Steinplatten, später dann auch Blechen, was den Gebäuden eine geschlossenere Form verlieh, als sie der Fachwerkbau in Europa zeigte. Der leicht gebaute, preisgünstig flache Dachstuhl und die stilbedingte, klassizistisch niedrige Ausformung des Daches unterstützen diese Wirkung. Ebenso wie die Dachschindeln wurden auch die wandverkleidenden Holzbretter aus witterungsbeständigem Zedernholz gefertigt.

»Shingle Style«

Den so genannten »Shingle Style« dominierte neben der »Saltbox« mit einer asymmetrisch nach hinten abgeschleppten Rückseite vor allem das schmale Giebelhaus. Das hier gezeigte typische *Farmhouse* (**Abb. 21**) der europäischen Siedler im Osten der USA aus dem frühen 19. Jahrhundert, heute rekonstruiert auf Long Island, illustriert dies augenfällig: Errichtet aus dicken, grob behauenen Stämmen, wurde es abgedichtet und schließlich mit Zedernschindeln verkleidet, das Dach, wenn möglich, mit wetterbeständigen Schieferplatten gedeckt.

»Balloon Frame«

Um 1832 revolutionierte die Entwicklung des »Balloon Frame«-Prinzips das private Bauwesen, denn mit ihm konnte sich nahezu jede Familie ein eigenes Haus leisten. Grundriss und Konstruktion waren einfach: Auf einer niedrigen, im Rechteck gesetzten Fundamentmauer aus Bruchsteinen lagert die Bodenschwelle, darauf sitzt ein orthogonal versteiftes Fachwerk, das wiederum ein niedriges Satteldach trägt. Die leichte Konstruktion konnte aufgrund der dünnen Balkenstärke von wenigen Männern in kurzer Zeit aus anstehenden Hölzern komplett gefertigt werden. Hierzu trug vor allem die zeitgleich anlaufende industrielle Produktion von Eisennägeln bei, die aufwändige Holzverbindungen ersetzten und eine dünne Wandkonstruktion erlaubten. Während des folgenden Jahrhunderts entstanden Millionen dieser einfachen Wohnhäuser in Gestalt eines

21

22

Abb. 21
Wohnhaus und Scheune, Long Island, USA, 1. Hälfte 19. Jahrhundert

Abb. 22
Charles McKim, *William G. Low House*, Rhode Island, USA, 1887 (abgerissen)

schnell zusammengenagelten Fachwerkkastens aus dünnen Weichholzbalken. Während das Durchschnittshaus bei zunehmendem bürgerlichen Wohlstand ohne Dekor bald nicht mehr auskam – sehr beliebt war der so genannte Kolonialstil mit klassizistischen Motiven –, erhielt sich vor allem in den Küstengebieten nördlich von New York die puristische Version in vielen kleinen Strandhäusern, den »Cabins«.

Beispiele

In bewusster Aufnahme dieser Tradition und in Abgrenzung zu dekorierten und romantischen Stilen wendeten sich im Laufe der letzten Generationen nicht wenige Architekten diesem Konturhaustyp zu, der für sie in regionalistischem wie ideellem Sinne auch das frühe Siedlerethos Nordamerikas verkörperte und damit durchaus symbolische Bedeutung erhielt. Zu den in Ausführung und Raffinement einzigartigen Umsetzungen dieser modernen Reflexion des »Shingle Style« gehören beispielsweise das heute leider nicht mehr existente *William G. Low House* (**Abb. 22**) von 1887 mit einer Dachspannweite von 42 m oder Robert Venturis *Ferienhäuser Trubeck* und *Wislocki* (**Abb. 23**) in Massachusetts.

Beide Entwürfe spielen mit dem Kontrast von schlichter Außenform und komplexer Innengestaltung, was sich bereits in der feinsinnigen Fassadenzeichnung andeutet. Ungemein klar geschnitten erscheint die Kontur, erzeugt durch jene eng anliegende Haut aus Schindeln, welche durch die in der Wandfläche liegenden Fenster keine Unterbrechung erfährt. Diese Ästhetik der blockhaften Stereometrie und der homogenen Materialoberfläche führte der Gropius-Schüler Edward Larrabee Barnes 1971 in seinem faszinierendem *Ferienhaus Heckscher* (**Abb. 24**) dann zur Vollendung, dessen vier glattflächig mit Schindeln bedeckte Kleinbauten er auf einer Holzplattform inmitten eines Kiefernhains aufstellte.

Doch auch an der Westküste begeisterten sich einige junge Architekten für diesen reduzierten Stil und schufen in den 1960er-Jahren nördlich von San Francisco mit dem *Condominium* der *Sea Ranch Lodge* (**Abb. 25**) eine Bauikone dieser Zeit. Neben Charles Moore und anderen verantwortete dies vor allem William Turnbull jr., der die eng gruppierte Anlage in den letzten Jahren durch 40 Holzhäuser erweiterte. Seine schmalen Kleinbauten in Single- oder Duplex-Nutzung sind im Detail strikt reduktionistisch und im Aufriss prinzipiell symmetrisch gehalten. Sie folgen konsequent den Bestimmungen eines für die Architektur auf diesem Areal verbindlichen Handbuches, dem »Sea Ranch Manual« von 1985. Es legt die grundsätzlich verlangte Umweltverträglichkeit der Bauten ebenso fest wie ihre ästhetische, wohl proportionierte und harmonische Einpassung in die Küstenlandschaft. Unter anderem heißt es dort: Die Verkleidung mit Redwoodholz oder Zedernholz-Schindeln wird aufgrund ihrer Wetterbeständigkeit und der naturnahen Farbtönung empfohlen, die Häuser sollen von einfacher aber anspruchsvoller Außengestaltung sein, ein Dachüberstand ist vor allem wegen der starken Küstenwinde zu vermeiden.

Abb. 23
Robert Venturi, Scott Brown & Associates (Philadelphia), *Haus Wislocki*, Nantucket Island, Massachusetts, USA, 1971

Abb. 24
Edward Larrabee Barnes, *Heckscher House*, Mount Desert Island, Maine, USA, 1971–74

Abb. 25
William Turnbull Associates (San Francisco), *Wohnhaus der Angestelltensiedlung Sea Ranch*, California, USA, 1989–90

23

24

25

Mit der weltweiten Anerkennung der *Sea Ranch-Bauten* in ihrer ästhetischen Reflexion US-amerikanischer Bautraditionen, aber auch durch die international kommunizierte Architektur Robert Venturis verankerte sich das Baumuster des so faszinierend stereometrisch reinen »Shingle Style«-Hauses dann auch im Diskurs europäischer Architektur und gewann im Verlauf der 1970er-Jahre spürbar an Einfluss. Von dieser Kontaktnahme profitieren auch einige der im Projektteil des Buches ausführlicher vorgestellten aktuellen Entwürfe.

Trotz zahlreicher dominanter Strömungen der letzten Jahrzehnte finden sich in der US-amerikanischen Architektur der jüngeren Generation immer wieder Rückgriffe auf das Konzept des simplen Giebelhauses, sei es einerseits als ökonomisch motivierte Nutzung der pragmatischen Qualität des minimalistischen Blechschuppens oder andererseits als analytisch vorgehende, deformierende Bearbeitung. Beispielhaft zu nennen wären der Kalifornier Wes Jones mit seinem *Hermit Crab House* (**Abb. 26**), der in Boston praktizierende Peter Forbes mit seinem *Landhaus* in Orcutt Harbour aus dem Jahr 2000 oder Adam Kalkin aus New Jersey. Dessen Entwürfe der 2000er-Jahre wie das *Collector's House* von 2001 basieren auf der in Wellblech ausgeführten Lagerhausvariante des Giebeltyps und experimentieren mit vorfabrizierten Elementen. Die metallene Kontur ist extrem schlicht gehalten, das Giebeldach sehr flach und die Öffnungen erscheinen wie Lagerhaustüren eingeschnitten.

Das Spiel mit dem Motiv

»Less is a bore« – »weniger ist langweilig«, verkündete Robert Venturi in den 1960er-Jahren und bezog damit Stellung gegen die Beton- und Glasödnis der Nachmoderne. Architektur sollte wieder sprachfähig werden, assoziativ, sollte kommunizieren. Er setzte ein Beispiel mit dem berühmten *Haus Vana Venturi* in Chestnut Hill (**Abb. 27**). In ihm verschränkten sich mehrere Bedeutungsebenen und entsprachen damit exakt der Absicht des Architekten. Formale Anspielungen auf Prinzipien der klassischen Architekturgeschichte wie Sprenggiebel, Mittelportal und Sockelzone trafen in feinsinniger Brechung auf regionalistische Elemente des Wohnbaus und vereinten sich im Bild des Kinderhauses mit seiner so typischen Konfiguration aus Fenster, Tür, Kamin und Giebeldach. Dieses 1961 realisierte Haus für die Mutter stand damit am Anfang einer insbesondere in den 1980er-Jahren wirksamen, postmodern genannten Architekturepoche, die sich mit ungeheuerem Erfolg im privaten wie öffentlichen Bauwesen durchsetzte. Auch wenn sich die Mehrzahl der realisierten Entwürfe mit ihrer Farbwahl und dem Einsatz billiger Versatzstücke nicht gerade durch Anspruch und Geschmack auszeichnete, so verursachte diese »bunte Revolution« doch eine beachtliche Vitalisierung und inhaltliche Intensivierung der Bauszene. Einige der Architekten wählten dabei den von Venturi vorgestellten intellektuellen Weg einer Revitalisierung der anspielungsreichen Mehrdeutigkeit ihrer Gebäude, andere wiederum experimentierten

Abb. 26
Wes Jones (El Segundo), *Hermit Crab House*, Konzeptzeichnung, 1991

Abb. 27
Robert Venturi (Philadelphia), *Haus Vana Venturi*, Chestnut Hill, Pennsylvania, USA, 1961

26

27

mit einer formalen Aufladung des Architektonischen durch narrative und suggestive Gestaltung. Die Vielfalt auf dieser Palette ist groß. Sie reicht von bunten, spielzeugartigen Häuschen bei Frank O. Gehry über anspruchsvoll kontextuell verstandene Formzitate bei Kisho Kurokawa bis hin zum kraftvoll-dekorativen Vokabular eines Michael Graves – nicht zu vergessen die Wolkenkratzer, deren Giebel die motivische Archetypik des spitzgiebeligen Satteldachs signalhaft monumentalisieren: Philip Johnsons *Pennzoil Palace* in Houston und *Fountain Palace* von Henry N. Cobb und Ieoh Ming Pei in Dallas aus den 1980er-Jahren. Den größten Giebel setzten Jones und Kirkland zur selben Zeit auf ihre neoklassizistische *Mississauga Town Hall*. Vergleichbares entstand in den späten 1990ern, darunter Lisbeth van der Pols rote *Wohntürme* in Almere und das *Ministerium für Gesundheit, Wohlfahrt und Sport* in Den Haag von Michael Graves. Ein aktuelles Beispiel ist die Planung für eine *Wohnanlage* in Kopenhagen, bei der Erik van Egeraat eine Gruppe riesenhafter Giebelhäuser in der verzerrten Kontur alter Lagerbauten an das Hafenbecken stellen möchte.

Abb. 28
Oswald Mathias Ungers (Köln), *Wohnhaus*, Glashütte/Eifel, 1986

Abb. 29
Roberto Menghi (Milano), *Landhaus*, Mount Desert Island, Maine, USA, 1990

Abb. 30
Valerio Olgiati (Chur), *Haus Kucher*, Rottenburg/Neckar, 1989–91

Klassische Tradition

Aber auch Einfamilienhäuser unterlagen dieser Tendenz – sofern es sich Bauherren leisten konnten und wollten. Wie schon in Venturis Entwurf vorgezeichnet, faszinierte unter anderem die klassische Tradition durch ihre klare, elegante Formensprache und die imposanten Tempelgiebel, die sich hervorragend mit den modernen Prinzipien der funktionalen, einfach geschnittenen Kubatur verbinden ließen. Neben vor allem den norditalienischen und Tessiner Architekten wie Mario Campi und Franco Pessina oder Aldo Rossi – nicht auszulassen Ivano Gianola mit seinem Bezug auf palladianische Motive –, bediente sich Oswald Mathias Ungers dieser Methode und schuf bei Glashütte/Eifel eine der wohl konsequentesten Neuinterpretationen, die sich im historischen Sinne auf provinzialrömische und Renaissance-Architektur bezog. Verkleidet mit hellem Stein aus Nancy erhebt sich das blockhafte *Wohnhaus* (**Abb. 28**) mit seinem flachen Giebeldach in beeindruckender Strenge inmitten einer idyllischen Gartenanlage.

Eine vergleichbare Huldigung vergangener Zeiten scheint auch den Entwurf des Mailänder Architekten Roberto Menghi für ein *Landhaus in Maine* (**Abb. 29**) beeinflusst zu haben, das er unmittelbar oberhalb eines Küstenstreifens auf einer quadratischen Bodenplatte platzierte. Während Giebel und strikte Axialsymmetrie übereinstimmen, lehnt sich das in »Balloon Frame«-Konstruktion errichtete Holzhaus mit seinen Ziegelkaminen gleichzeitig auch an die Bautradition der US-amerikanischen Ostküste an.

Regionalismus

Das Regionalistische – allerdings wiederum von einem eigentlich landesfremden Architekten realisiert – bestimmt auch Valerio Olgiatis *Haus Kucher* im württembergischen Rottenburg (**Abb. 30**). Sein grüner Bau-

28

29

30

körper mit dem roten, 48° steilen Biberschwanzdach samt großen Dachhäusern entspricht wie demonstrativ dem typischen dörflichen Wohnhaus der Neckarregion. Doch signalisiert nicht nur gerade die betont klischeehafte Aufnahme des Gewöhnlichen die reflektierende Entwurfsstrategie, sondern auch eine subtile Verfremdung der Umwandung: Die Außenflächen der Holzwände sind mit einer auf Leinölbasis grünlich gefärbten Holzschalung verkleidet, die sich leicht nach außen wölbt und damit dem oberflächlich gewonnenen Eindruck ortsüblicher Architektur deutlich widerspricht.

Auch der in Washington praktizierende Architekt Hugh Newell Jacobsen hegt eine große Vorliebe für das Urmuster des formal reduzierten Giebelhauses, das in vielfältiger Variation gleichsam zum Leitmotiv seiner zahlreichen Villen wurde. Unter den extremen Konzepten rangiert das 1982 fertig gestellte *Buckwalter House* (**Abb. 31**) wohl an erster Stelle. Während sich das Gebäude von der großen Seite in Gestalt eines puren Glasstahlgiebels zeigt, unterliegt seine eigentliche formale Ausprägung der Idee einer teleskopartigen Verkleinerung des typischen Landhauses. Auf diese Weise entstanden hinter dem Hauptkorpus sechs immer kleiner werdende Miniaturen, aufgereiht und von vier demonstrativ überhöhten Kaminen gekrönt. Das architekturhistorische Klischee des amerikanischen *Country House* wird durch die Demonstration seiner semantischen Verfügbarkeit augenzwinkernd hinterfragt und als spektakuläre Hülse über eine zeitgemäß moderne Hausstruktur gestülpt.

Kinderhaus

Den wohl suggestivsten Einstieg in die neue postmoderne Freiheit des architektonischen Gestaltens wählten Entwürfe, die sich mit betonter Ironie oder ausgelassenem Spieltrieb dem kindlichen Bild des Hauses zuwandten. Ohne auf die grundsätzlichen Ansprüche guter, »ernsthafter« Architektur zu verzichten, nutzten Architekten wie John Hejduk bei seinem *Doppelhaus* in Berlin-Tegel (**Abb. 32**) oder auch Ettore Sottsass bei dem im italienischen Empoli realisierten *Haus Cei* (**Abb. 33**) jene Strategie der Doppelcodierung, wie sie der Architekturkritiker Charles Jencks für die Stilphase der Postmoderne formuliert hatte. Um Interessantheit und Sprachfähigkeit zu erzeugen, erhält das Entwurfskonzept eine zweite Bedeutungsebene, und diese bestand bei den genannten Häusern in ihrer unmissverständlichen Annäherung an den bereits in der Einleitung vorgestellten »Kinderhaus-Typus«. Während sich Hejduk mit den schief gestellten Kaminen und Sottsass durch das schrill-rote Aluminiumdach unmittelbar zitierend verhalten, findet sich in dem belgischen *Einfamilienhaus* (**Abb. 34**) des Büros De Smet und Vermeulen eine dezente, elegante Umsetzung. Mit spitzgiebelig-altdeutschem Dach und freistehendem Kamin ruht es auf quadratischem Grundriss. Seine Schieferdeckung und die Wandverkleidung in schwarzem Klinker unterstützen die eindringlich formbezogene Erscheinung.

Zu den Inkunabeln des Wohnhausbaus um die Jahrtausendwende gehört Herzog & de Meurons *Haus Rudin* (**Abb. 35**) im südlichen Elsass. Als wohl bestes Bei-

31

32

Abb. 31
Hugh Newell Jacobsen (Washington), *Buckwalter House*, Eastern Pennsylvania, USA, 1982

Abb. 32
John Hejduk, *Doppelhaus*, Tegeler Hafen, Berlin, 1985–88

spiel für ein das Bild des »Kinderhauses« aufgreifendes Gestaltkonzept ordnet es nicht nur seine Fenster zum Gesicht, sondern steht zudem noch auf einer Plattform inmitten der freien Landschaft. Ungeachtet weiterer Raffinessen pointieren die Architekten das »Haus an sich« durch eine betont homogen gehaltene Materialität. Auch wenn das ursprünglich ebenfalls in Beton geplante Satteldach nun mit Blechen gedeckt wurde, so verbindet es sich aufgrund seiner identisch grauen Farbgebung mit dem Sichtbeton-Kasten des Hauses zu einem optischen Ganzen. Das Wasser wird von einer schmalen Leiste kurz vor dem Dachflächenende gehalten und läuft seitlich in einem, gewollte Spuren hinterlassenden Rinnsal einfach über die Fassade ab.

Spieltrieb

Auch über einen solchen, allerdings falschen Giebel mit Kamin verfügt ein frühes Werk des Kaliforniers Eric Owen Moss, zu dessen Lieblingsmotiven der zergliederte Hauskörper gehört. *Haus 708* (**Abb. 36**) ist außen durch seine übergroße Hausnummer gekennzeichnet. Vor dem eigentlichen Flachdach wurde die Wand zu einem Pseudogiebel hochgezogen, der nicht ohne Schmunzeln das traditionelle Kinderhausschema zitiert. Fährt man eine Trennwand im Inneren zur Seite, dann schiebt sich diese in einen Wandvorsprung der Fassade, der durch eine auffällig in den Weg gestellte Stütze gehalten wird. Die Bemalung der Trennwand ist dann in deren drei Fensterchen außen sichtbar und wird zudem beleuchtet.

Eines der jüngsten Beispiele, dessen einzigartiges Konzept allerdings kaum dem postmodernen Spiel, sondern vielmehr einem künstlerischem Ansatz folgt, ist das *living room* genannte *Wohnhaus Stöckmann* (**Abb. 37**) in der Gelnhauser Altstadt. Unter Beteiligung befreundeter Künstler entstand ein skurriles Gebilde, dessen schachbrettartige Verkleidung aus 52 Fenstern und horizontal geschuppten Aluminiumblechen die Silhouette eines barocken Stadthauses nachformt, das zuvor an dieser Stelle stand. Die eierschalfarbene Hülse ist überzogen von Zeichen und Text, den Spitzgiebel bilden vier spielkartenartige Winkel. Der Clou aber, dem sich kein Passant entziehen kann, ist ein gleich einer Schublade ausfahrbarer Teil der Straßenfront, mit dem sich der Wohnraum in einen semi-öffentlichen Balkon erweitert.

Abb. 33
Ettore Sottsass / Marco Zanini (Milano), *Haus Cei*, Empoli, Italien, 1991–93

Abb. 34
Henk de Smet – Paul Vermeulen Architecten (Gent), *Haus Vanderbeck-Arnold*, Sart-Messire-Guillaume, Belgien, 1992

Abb. 35
Herzog & de Meuron Architekten (Basel), *Haus Rudin*, Leymen, Frankreich, 1997–98

33

34

35

Eine Rückkehr zum Dach

Möchte man sich in internationalen wie europäischen Fachzeitschriften und -publikationen über hochwertige Entwürfe zur Einzelhausarchitektur informieren, so ist festzustellen, dass hier der Flachbau dominiert. Nun wäre gegen ein elegantes Haus mit horizontalem Dachabschluss im Prinzip nichts einzuwenden, doch vermisst man schnell den ursprünglichen Anspruch dieses Bautyps. Längst verhallt ist nämlich Le Corbusiers Diktum aus der Gründerzeit dieser Hausform um 1922: »Das flache Dach erfordert zunächst konsequente Ausnützung zu Wohnzwecken: Dachterrasse, Dachgarten.« In der Realität aber wird selbiges allenfalls begrünt, seine optisch versteckte Fläche kommt heutzutage jedoch weder dem Bewohner noch der formalen Gestaltung zugute – man kann es als zusätzlichen Raum nicht nutzen, und niemand sieht es. Fast entsteht der Eindruck, die Architektur verweigere sich dem Aufwand, ein aufgesetztes Dach durchzuplanen aus stilideologischen Prinzipien oder schlichtweg aus Gründen der Bequemlichkeit.

Angesichts des tatsächlichen Erscheinungsbildes heutiger Vorstädte aber verwundert nun dieses Festhalten führender Architekten am Flachbau, denn bereits in den 1980er-Jahren wurde der Flachdachstil der 1970er vielerorts von Sattel- und Walmdächern abgelöst, was vor allem auf lokale Bauvorschriften zurückging. Maßgeblich für den Erlass dieser Vorgaben, die ein Einfamilienhaus hinsichtlich Bauvolumen, Höhe und Silhouette reglementieren, ist zweierlei: zum einen die kommunale Übereinkunft, für neu anzulegende Wohnviertel ein im Prinzip übereinstimmendes ästhetisches Gesamtbild zu schaffen, zum anderen die so genannte »regionale Bautradition« – eine Auffassung, die sowohl von den Gemeinderäten als auch von privaten Bauherren mitgetragen und begrüßt wurde. Dies spiegelt sich in einem Konzept, mit dem das Kasseler Architekturbüro Baufrösche 1996 reüssierte. Ihr *Wunschhaus der Deutschen* (**Abb. 38**) vereint neben praxisorientierter Nutzungsflexibilität eben jene zwei Typen in Idealausprägung: das modernistische Blockhaus mit Dachterrasse und den ausdrucksstarken Satteldachbau. Wenn auch klassizistisch angehaucht, trägt es jenem traditionsbezogenen Bewusstsein Rechnung.

Was sich über Jahrhunderte in pragmatischer Reaktion auf Wetterbedingungen, lokal übliche Baustoffe wie Holz, Stein und Ton oder kulturgeografische Strukturen entwickelte und heute noch Altstädte, Siedlungstypologie und Landschaft prägt, soll akzeptiert und in moderner Form fortgeschrieben werden. Immer wieder entdecken Architekten – dies wurde auch bereits im vorangehenden Kapitel festgestellt – die Attraktivität der Reflexion vorhandener Kultur- und Bautradition in ihren Entwürfen. Dabei werden sie vor allem durch eine kulturell anspruchsvolle und verantwortliche Grundhaltung getragen, von einem Bewusstsein für die substanzielle Kontinuität von Geschichte und Ort. Authentisches Bauen bedeutete für sie ein nachhaltiges Konzept, das unter Beachtung angestammter Konstruk-

36

37

Abb. 36
Eric Owen Moss (Culver City), *Haus 708*, Pacific Palisades, California, USA, 1981

Abb. 37
Formalhaut (Gabriela Seifert, Götz G. Stöckmann, Frankfurt am Main), *living room*, Gelnhausen, 1999–2003

tions- und Formlösungen eine zeitgemäße Nutzung erlaubt – und dies gilt heute in gleicher Weise und Intensität für nicht wenige der im ländlichen und suburbanen Wohnbau tätigen Architekten. Man erkannte die Chance, im Entwurf von einer analytischen Auseinandersetzung mit bauhistorischen Bezügen sowohl funktional als auch ästhetisch zu profitieren.

Nicht unerwähnt soll hier die ökologische Sensibilisierung bleiben, die insbesondere in Deutschland seit der Ölkrise 1974 schrittweise eine neue umweltverträgliche und energieoptimierende Bauweise verursachte. Inzwischen werden Dachschrägen zur Installation von Wärmekollektoren und Solarzellen sowie zur Regenwassergewinnung genutzt. Rechnet man den Forschungs- und Entwicklungsaufwand für neue Bau- und Dämmstoffe hinzu, so entwickelte sich das Dach aus der alten hölzernen Pfettenkonstruktion mit locker aufsitzenden Ziegeln zu einem technisch optimierten Hausteil.

Der unbewohnbar leer stehende oder als Abstellkammer der Jahrhunderte genutzte Dachstuhl ist damit Geschichte. Längst wird er unmittelbar in den Hauszusammenhang integriert und erweitert die Nutzfläche gegenüber dem Flachdachhaus nicht selten um ein Drittel. Da sich im modernen Wohnhaus die Lagerräume im Unter- oder Erdgeschossbereich befinden, verbraucht kaum ein Architekt den nun auf dem Hauskasten errichteten Raum für einen dunklen Dachboden. Ob es sich um ein niedriges Satteldach oder um einen Giebel mit mehr als 45°-Dachneigung handelt, der Reiz des spitz zulaufenden Volumens unter dem First wird interessiert ausgelotet und erweitert Treppenhäuser und Wohnbereiche zu attraktiven Raumzonen. Darüber hinaus generiert der Bauherr unter dem Dach zusätzlichen Wohnraum in Gestalt weiterer Schlaf-, Gäste- oder Arbeitszimmer. Sie gewinnen gegenüber den unteren Geschossen durch ihre Dachschräge an Atmosphäre und profitieren mitunter auch von besserer Aussicht sowie einer größeren Distanz zu den eher geräuschintensiven unteren Stockwerken, beziehungsweise der Straße. Und von ebendieser aus gesehen macht sich die Entscheidung für ein Dach besonders bemerkbar. Das Haus steht wieder aufrecht, erhält seine definierbare architektonische Gestalt zurück und gewinnt individuelle Präsenz im Straßenraum.

38

39

Abb. 38
Baufrösche (Kassel/Berlin), *Wunschhaus der Deutschen*, Oberhausen, 1996–98

Abb. 39
Allmann Sattler Wappner (München), *Verwaltungsgebäude der Südwestmetall*, Reutlingen, 1999–2002

Die Entdeckung der Kontur

In der Folge steigender Ansprüche an die Ausstattung und aufgrund günstiger Preisbildung dank industrieller Vorfertigung wurden die Dächer während der letzten Jahrzehnte zunehmend mit Sonderformen aufgeladen: Walm, Mansardknick, Dachhäuser oder integrierte Dachterrassen. Dazu erhielt der einfach geschnittene Hauskasten nun Erker, Wintergarten oder Garagenanbau. Diese formal unruhig und komplex gewordene Silhouette des Hauses machte die Neubausiedlungen zwar abwechslungsreich und in atmosphärischer Hinsicht verbindlicher. Dennoch verlor die ursprüngliche formale Bauidee des Einzelhauses auf dem Wege der Zusatzausstattung immer mehr an erkennbarer Gestalt.

So begannen einige Architekten und Bauherren gerade nach dem Gegenteil Ausschau zu halten: Sie suchten eine einfache Architektur, sowohl in materieller Ausführung wie in der Umrisslinie, unprätentiös doch gleichzeitig intensiv in ihrer Großform, gebaut auf einem zwar funktionalen, aber auch räumlich spannungsvollen Grundriss. Die ersten realisierten Projekte erwiesen schnell das ungeahnte Potenzial dieses Konzepts und bestätigten mit erfreulicher Klarheit die Qualität dieser formalen wie bautechnischen Konzentration auf das Wesentliche. Parallel zu den experimentellen und formal spielerischen Konzepten der Avantgarde-Architekten fanden sich folglich seit den 1980er-Jahren auch im privaten Wohnbau vereinzelt Bauherren, die sich nicht nur von zuweilen deutlich reduzierten Baukosten, sondern vor allem von der ausdrucksintensiven Silhouette des Konturhauses überzeugen ließen.

Während der vergangenen 20 Jahre also etablierte sich ein neuer Typus im privaten Wohnbau, der inzwischen vielfältigste Ausformung erfuhr. Die individuelle Verkleidung des Hauskastens entwickelt hierbei ebenso viel ästhetischen Reiz wie technisch anspruchsvolle Lösungen. Gefordert sind verdeckte Wasserableitungen oder ein unauffälliger Anschluss der Fenstermodule in der glatten Fassadenwand – im Falle des *Hauses Innauer* von Oskar Leo Kaufmann (s. S. 88) oder *der Gebäude der Südwestmetall* (Abb. 39) in Reutlingen wird dies noch zusätzlich durch die außergewöhnliche Wirkung der Metallhaut unterstützt.

Die Stärke dieser Entwürfe liegt in der Disziplin der Beteiligten, sich auf eine den kompletten Wohnkontext aufnehmende Hülle zu einigen. Dachgauben, Dachüberstand, Erker, Altan oder Balkon entfallen. Werden Vordächer oder Garagenanbauten zugelassen, so treten sie in bewussten Kontrast zur Kastenform des Gebäudes selbst. Während es im Inneren einer konsequenten Raumökonomie bedarf, erfährt die Außenhaut der Architektur eine faszinierende Aufwertung durch neue Materialien, intelligente Detaillösungen und die optische Verschleifung von Baukörper und Dachflächen. Doch auch das Interieur unterliegt nicht selten einer ungemein raumsuggestiven Aufwertung, der Reiz des spitz zulaufenden Volumens unter dem First wird bereitwillig ausgelotet und formt Treppenhäuser und Wohnzonen zu attraktiven Raumhallen. Die Stereome-

40

41

Abb. 40
Peter Zumthor (Haldenstein), *Atelier Zumthor*, Haldenstein, Schweiz, 1985–86

Abb. 41
Markus Wespi und Jérôme de Meuron Architekten (Caviano), *Wohnhaus Göldi*, Flawil, Kanton St. Gallen, Schweiz, 2000

trie des Hauses wird bis in den kleinsten Winkel hinein dreidimensional erfassbar.

Des Weiteren finden sich auch Reflexe jener oben angesprochenen postmodernen regionalistischen Sensibilität. In theoretischer Hinsicht wurde dies wohl 1979 zum ersten Mal durch den US-amerikanischen Architekturkritiker Arthur Drechsler festgestellt. Beispiele existierten damals vielerorts: Günter Behnischs nicht mehr erhaltenes *Bürogebäude* in Stuttgart-Sillenbuch von 1969, Robert Venturis *Strandbauten* von 1971 oder Kazunari Sakamotos *Stadthäuser*, die er in schlichtester Kontur und Bauweise seit etwa 1976 in Tokio realisierte. Um 1978 begann auch der Belgier Lucien Kroll mit der Verwendung entsprechend konzipierter Wohngebäude bei seinen Siedlungen in Alençon und Emerainville. Von 1979 stammte Aldo Rossis *Wohn-Kooperative* in Goito, die sich mit ihren aus lokaler Bautradition abgeleiteten kubischen Hausblöcken samt knappstem Dach auf frühe italienische Vorbilder berufen konnte: Mario Fiorentinos Siedlung *Unnra-casas*, entstanden bereits 1949 bis 1955 oder Ludovico Quadronis Dorf *La Martella* von 1951 bis 1954.

An dieser Stelle sei auf den ungemein wirkungsmächtigen Weg der Schweizer Architektenszene hingewiesen, auf dem sich seit Mitte der 1980er-Jahre eine ebenso moralisch reformative wie ästhetisch überzeugende Architektur insbesondere auch nach Süddeutschland und Österreich bewegte. Gegen das postmodern Bunte richtete sich der neue »Hang und Zwang zum Einfachen« (Rudolf Schilling) sowie eine regionalkulturell reflektierende Analyse, die Freude fand an einer konzeptionellen Konzentration auf das Selbstverständlich-Funktionale. Referenzpunkte entnahmen erfahrene Bündner Architekten wie Rudolf Olgiati oder junge Basler Büros wie Herzog & de Meuron ihrer heimatlichen, in formaler Ausdruckskraft wie in Materialität gleichermaßen sinnlichen Baukunst, so beispielsweise dem Engadiner Haus, worauf Kurt W. Forster erst jüngst hinwies. Vor bloßer sentimentalischer Rückwärtswendung schützte dabei der kreative Anspruch an eine zeitgemäße Gestaltsprache. Ihre extreme Reduktion in Kontur und Detail sowie die exemplarische Werkqualität wurden legendär, vergleichbar ist nur die volumetrische Perfektionierung des Holzbaus im österreichischen Vorarlberg.

Die breitenwirksame Durchsetzung jener Richtung ließ allerdings bis in die späten 1990er-Jahre auf sich warten. Wie so oft benötigte es eine erhebliche Inkubationszeit, bis das so zurückgenommen auftretende Konturhauskonzept bei Architekten, Bauträgern und Bewohnern derart an Akzeptanz gewonnen hatte, dass man den pointiert bescheidenen Auftritt der Architektur nicht mehr als wenig renommierfähiges Understatement, sondern vielmehr als selbstbewussten Ausdruck von Form- und Materialqualität verstand. Was überzeugte, war letztlich die Stringenz und Einfachheit des Prinzips.

42

43

Abb. 42
Deppisch Architekten (Freising), *Einfamilienhaus*, Großnöbach, 1999

Abb. 43
Keller-Wittig Architekten und Isabel Mayer (Cottbus), *Wohnhaus mit Mühlenmuseum*, Cottbus-Sielow, 2002–03

Konturbauten mit Vorbildfunktion

Bevor nun im Hauptteil des Buches aktuelle Giebelhäuser ausführlich vorgestellt werden, scheint eine kursorische Übersicht sinnvoll, wobei sich die Gliederung an der jeweiligen materialen Ausführung der Wandstruktur, beziehungsweise der Gebäudeschale orientiert.

Holz

Zu den zahlenmäßig häufigsten Konturhäusern gehören die Bauten aus Holz, die sowohl den Anforderungen umweltverträglichen als auch preisgünstigen Bauens ideal gerecht werden. Während einige lediglich über eine hölzerne Verkleidung verfügen und ansonsten als Stahlbetonsystem realisiert wurden, bezieht sich das komplett aus Holz errichtete Wohnhaus auch strukturell auf die Tradition des einfachen mitteleuropäischen Kleinhauses, wie man es über Jahrhunderte hinweg in den Randgebieten der Städte und als Bauernhaus auf dem Lande herstellte.

Dieser historisch-regionale Bezug äußert sich beispielsweise explizit bei einem der frühesten Beispiele dieser Hausform, an Peter Zumthors *Ateliergebäude in Haldenstein* (**Abb. 40**), dessen Holzskelettbauweise den im Dorf genutzten Scheunen und Lagerhäusern folgt. Die Fassade wirkt mit ihrer vorgehängten Schicht aus Lärchenholzstäben objekthaft geschlossen, das Dach sitzt mit einem extrem knappen Überstand in einem flachen Sattel auf und betont die lange Rechteckform des Grundrisses.

Über einem der ersten Schweizer Holzbaufertighäuser aus dem Jahr 1950 plante das Büro Wespi und de Meuron eine kubische, nahezu hermetisch geschlossene Holzhülse. Sie umgibt das kleine *Wohnhaus in Flawil* (**Abb. 41**) in Form einer horizontal gesetzten, hinterlüfteten Lärchenholzschlitzschalung. Um die nach Süden gelegene Wohnzone zu belichten, erzeugten die Architekten durch Herausnehmen von jeweils zwei der Latten einen einzigartigen Sonnenschutz, der einerseits die strikte Kubatur des Gebäudes erhält, andererseits Bezug auf ortstypische Bauernscheunen nimmt. Für die Holzfront dieser Seite wählten die Architekten das Holz der amerikanischen Douglasie. Regen und Schmelzwasser werden durch die integrierten Kastenrinnen des Titanzink-Blechdaches aufgenommen. Für ein konstruktives Modell aus Dickholz-Platten steht das sehr konsequent gestaltete Wohnhaus von Deppisch Architekten (**Abb. 42**).

Mit der Doppelfunktion von Museumstrakt und Wohnhaus ergänzte das Cottbuser Büro Keller und Wittig die historische *Holländerwindmühle* in Sielow (**Abb. 43**) durch einen *Erweiterungsbau*, dessen Ausdifferenzierung in ein flaches Verbindungselement und ein Giebelhaus deutlich seine zweigeteilte Aufgabe erkennen lässt. Das wie ein freistehender Holzklotz vor dem Mühlenbau stehende Wohnhaus wurde als Konstruktion aus Dickholz-Plattenelementen mit einer wärmegedämmten Brettsperrholz-Wandung errichtet. Eine darüber gesetzte Außenschicht aus in Fugen genagelten schmalen Holzleisten aus Lärche zieht sich

Abb. 44
B-architecten (Antwerpen), *Haus Tyteca-Peeters*, Brecht, Belgien, 1999

Abb. 45
Ettore Sottsass und Johanna Grawunder (Milano), *Villenanlage Jasmin Hill*, Singapur, Malaysia, 1996–2000

44

45

ohne Brüche oder Rinnen hautartig über Wände und Dachflächen. Die Dachentwässerung funktioniert über darunter platzierte Regenrinnen.

Stein

Der zweite primäre Baustoff des historischen mitteleuropäischen Wohnhauses ist Stein in allen seinen unterschiedlichen Ausprägungen. Das Spektrum hinsichtlich der ästhetischen und haptischen Wirkung ist dabei ebenso groß wie etwa die Varianz innerhalb der konstruktiven oder thermodynamischen Bedingungen. Die Verwendung spezifischer Arten ist anders als vor Jahrhunderten auch nicht mehr geografisch gebunden. Es findet sich sowohl eine hinterlüftete Ziegelstein-Wandung in der Schweiz, wie beim *Haus Widenmatt* von Daniel Marques im Graubündener Malters, als auch eine Komplettverkleidung aus portugiesischem Granit im Falle des kleinen Mainzer Hotels *Quartier 65* von Oswald Mathias Ungers.

Ein ebenfalls steinummanteltes Gebäude realisierte Eric Gouesnard in der Bretagne. Das exaltierte *Landhaus,* dessen Giebellösung eine Folge örtlicher Bauvorschriften war, wurde in einem kreisrunden Sandgarten platziert. Dach und Wände der zwei Baukörper, die aus Beton-Mauerwerksteinen und Gipskartonplatten aufgeführt sind, decken Schieferplatten in den Maßen 50 × 50 cm, die an den Ecken auf einen Metallrahmen geschraubt wurden.

Einen überraschenden Effekt birgt auch die Reihenhauslösung des *Hauses Tyteca-Peeters* (**Abb. 44**) im belgischen Brecht. Nicht nur, dass sich der Bau durch die demonstrative Platzierung der Garage in der Straßenfront einer Einordnung als Wohngebäude entzieht, provoziert seine komplett in Klinker geschlossene Wandfläche. Die Blockwirkung wird durch eine in die ebene Dachfläche integrierte Regenrinne unterstützt. Zum Garten hin öffnet sich der Entwurf mit großen Fenstern und einer souverän erhöhten Terrasse.

Doch auch Kacheln, die üblicherweise in Nassräumen zum Einsatz kommen, eignen sich zur Umhüllung. Im architektonischen Werk des norditalienischen Designers Ettore Sottsass finden sich zahllose Reflexe seiner sonst eher kleindimensionalen Arbeiten. Auch hier spielt er mit kräftigen Farben, haptisch erlebnisreichen Materialien und besonders ausdrucksstarken Formen. Wie Kinderhäuschen stehen die *Vorbauten einer Villenanlage* in Singapur (**Abb. 45**) vor den Anwesen. Ihre spielzeugartige Gestalt und die bunte Kolorierung lockern das Ensemble und geben der vielgliedrigen Architektur einen fassbaren Charakter.

Zement

Im weiteren Sinne zum Steinmaterial gehört der Zement. Mit seiner fugenlos auch über das gesamte Dach gezogenen Wellzement-Verkleidung wirkt das langgestreckte *Haus David-Leroy* (**Abb. 46**) in der südbelgischen Bastogne fast wie ein Industriebau. Der aus dem nördlich gelegenen Vielsalm stammende Architekt Patrick David signalisiert seine inneren Funktionen durch ausgeschnittene Glasflächen: kleine Fensterquadrate

Abb. 46
Patrick David (Vielsam, B), *Haus David-Leroy,* Mageret, Belgien, 1993

Abb. 47
Annette Bartsch (Bad Neuenahr-Ahrweiler), *Einfamilienhaus,* Bernkastel-Kues/Andel, 2002–04

Abb. 48
Dietrich Schwarz (Domat), *Solarhaus I,* Domat/Ems, Schweiz, 1995–96

46

47

48

für Bäder und Schlafzimmer, große Scheiben für Wohnraum und Terrassenöffnung.

Bemerkenswert ist das hier nicht gezeigte Augsburger *Wohnhaus Bernhard* von Bohn Architekten mit seiner hochwertig anmutenden Wandung aus Faserzement-Schindeln. Es überzeugt insbesondere die flächige Einbindung der Dachfenster und die integrierte Wasserableitung. Das Haus selbst wurde auf einer Stahlbetonplatte in Wänden und Decken aus Dickholzplatten errichtet, die als selbsttragende Elemente mit bis zu 15 m Breite auch das Dach ausbilden.

Putz

Die am häufigsten verwendete Fassadengestaltung des mitteleuropäischen Wohnhauses ist die Putzschicht, die aufgetragen sowohl zu einer homogenen Optik beiträgt als auch für einen besseren Schutz der Holz-, Fachwerk- oder Steinwände sorgt.

Mit traditionsbewusster Selbstverständlichkeit stellt sich das dreistöckige *Einfamilienhaus* bei Bernkastel-Kues (**Abb. 47**) in den Kontext unzähliger Siedlungsbauten der 1920er- bis 1950er-Jahre. Ihnen entspricht der auf die in Bimsmauerwerk gefügten Wände aufgebrachte dunkelgraue Kratzputz und das in knappstem Überstand geziegelte Satteldach. Diese Elemente werden auf spannende Weise durch die zwei roten Fensterkästen des Wohnbereichs ergänzt. Zudem wird die Fassadenwirkung durch den Verzicht auf Fensterbretter beruhigt – das Wasser fließt über integrierte Metallröhrchen ab.

Glas

Das Material Glas ist heikel und kostenintensiv. Sein Einsatz bei der äußeren Verkleidung eines Wohnhauses konfrontiert den Architekten neben den Problemen von Stabilität, Fixierung und Gewicht automatisch mit den schwierigen Aufgaben der Wärmedämmung und Lichteinstrahlung. Gleichzeitig gehört es jedoch mit seiner Fähigkeit zur Transparenz und optischen Entmaterialisierung auch zu den faszinierendsten Baustoffen überhaupt.

Das durch den Schweizer Ingenieur Dietrich Schwarz in Domat errichtete *Solarhaus I* (**Abb. 48**) signalisiert seinen experimentellen Charakter nicht nur durch das zur idealen Aufnahme von Solarzellen im Schnitt unsymmetrisch ausgeführte Dach. Außer einigen als Fenster fungierenden reinen Glasflächen umgibt den in wärmespeichernden Betonplatten errichteten Hauskasten insbesondere auf seiner Südseite eine äußere Schicht aus energiesensiblen Wabenplatten, sodass sich eine geschlossene Glashaut ergibt, die dem Nullenergiehaus bei nächtlicher Innenbeleuchtung eine magische Transparenz verleiht.

Kunststoff

Wenn auch weniger witterungsbeständig und nicht klar durchsichtig, verfügt das erst jüngst auch im Wohnbau verwendete Polycarbonat (PC) gegenüber anderen Baustoffen über klare Vorteile: Es ist preisgünstig und leicht. Haben sich Architekt und Bauherr mit dem Eindruck des Fragilen erst einmal angefreundet, so ver-

Abb. 49
weichlbauer / ortis (Frohnleiten), *Mehrfamilienhaus* (Umbau), St. Lorenzen, Österreich, 1998

Abb. 50
Nande Korpnik (Celje, Slowenien), *Haus Acman*, Grize bei Zalec, Slowenien, 1999

49

50

lieren die Platten aus PC schnell ihren bisher negativen Ruf und werden samt der ihnen eigenen markanten Ästhetik zum Signalträger für kreatives Bauen.

In geschlossenem Zustand fotografiert wirkt die Sanierung einer Rohbauruine der siebziger Jahre im steiermärkischen St. Lorenzen, bei der man sich dieses Materials großzügig bediente, unverhohlen provokativ. Der Umbau zu einem *Mehrfamilienhaus* (**Abb. 49**) durch Weichlbauer und Ortis fand sein Finish in einer siloartigen Verblendung mit weißen PC-Platten, die auch vorhandene Balkongalerien integrieren. Das Haus oszilliert in der Außenwirkung. Geschlossen wird es zu einer Architekturplastik von extremer Künstlichkeit, bei geöffneten Fenstern erscheint es gleichsam als Persiflage auf das konventionelle, den Menschen in Mauern einschließende Wohnen samt seiner alpenländischen Schlaglädenromantik.

Metall

Die Verblendung eines Baukörpers mit Metall besitzt ein besonderes Flair. Zu den imposantesten Beispielen gehören die drei *Verwaltungsbauten* der Reutlinger Südwestmetall von Allmann Sattler Wappner mit ihrer 4 mm starken Edelstahlhaut. Ein solches metallenes Haus wirkt an sich technoid, maschinengleich, man möchte es wie ein Objekt anfassen und erschrickt vor der Kälte oder der glühenden Hitze des Materials.

Bestes Beispiel für die befruchtende Wirkung örtlicher Bauvorschriften, die sich der Verantwortung der Architektur für den historischen Kontext stellen, ist ein Entwurf des slowenischen Architekten Nande Korpnik in einem kleinen Dorf bei Zalec. Mit Respekt für die benachbarten traditionellen Heustadel entstand ein formal extrem zurückgenommenes *Giebelhaus* (**Abb. 50**), dessen weiß glänzende Metallverkleidung sich allerdings selbstbewusst vom Holz- und Ziegelbau distanziert. Im Erdgeschoss finden eine Wohnung und eine Garage Platz, deren Stahltor mit großem Schriftzug auf das Modestudio im oberen Stockwerk hinweist.

Das *Boots- und Ferienhaus* in Fussach (**Abb. 51**) von Marte. Marte inszeniert den konzentriert kubischen Baukörper durch seine genietete Haut aus Aluminiumblechen. Es spielt reizvoll mit dem Klischee der Wohnmaschine, wenn es sich in leerem Zustand komplett verschließt oder bei Benutzung das Schiebetor der Bootsgarage und die große Klappe im Dach öffnet.

Variation

Setzt man sich mit den hier dargestellten, hochdifferenzierten Verkleidungslösungen auseinander, so zeigen die Rotterdamer Architekten MVRDV mit ihrer Ypenburger *Wohnsiedlung Hageneiland* (**Abb. 52**) auf geradezu didaktische Art das Mögliche. 37 Ein- und Mehrfamilienhäuser wurden in einfachster Kontur errichtet und verteilen sich über eines der typischen Quartiere, zwischen ihnen kleine Gartenhäuschen mit derselben Giebelform. Die Wohnbauten verkleidete man wechselweise mit schwarzem Eternit, silbernem Aluminium, roten Krempziegeln, hellen Holzschindeln sowie blauen und grünen Polyurethan-Platten.

Abb. 51
Marte. Marte (Stefan u. Bernhard Marte, Weiler, Österreich), *Bootshaus Steinhauser*, Fussach, Vorarlberg, 2000

Abb. 52
MVRDV (Rotterdam), *Wohnsiedlung Hageneiland*, Ypenburg, Niederlande, 1998–2002

Abb. 53
MG Architecten (Rotterdam), Projekt *Wetland*, 2000

51

52

53

Das von MVRDV derart gefeierte, formal schematisierte Giebelhaus war inzwischen über das angewandte Bauen hinaus gleichsam zu einem grafischen Standardtyp, zu einem Signifikanten für das Haus an sich geworden. Insbesondere die computeranimierte Darstellung neuer Siedlungs- und Stadtkonzepte erforderte einen instruktiven und räumlich nachvollziehbaren Modus der Visualisierung. Nicht selten setzte man hierfür nun das Konturhaussymbol in Form eines Monopoly-Spielsteins als Indikator für Besiedelungsdichte und Wohnraumdurchschnitt etc. ein. Gleichzeitig etablierte sich dieses Zeichenhafte auch im Sinne einer selbstverständlichen Grundform des Wohnhauses, die als Repräsentant späterer Konkretisierung oder als Mustertypus zum Einsatz kam. Augenfällig wird dies beispielsweise auch bei *Wetland* (**Abb. 53**), einem preisgekrönten Konzept des Rotterdamer Büros MG Architecten zur ökologisch nachhaltigen Wohnnutzung dauerhaft überschwemmter Küstengebiete. Eine individuelle Formgestaltung wird hier exemplarisch durch den Standard-Haustyp aufgehoben, wesentlich ist stattdessen die technisch-innovative Ausführung als schwimmendes, energieautonomes Wohnmodul mit einem dicht von Vegetation überwachsenen, wärmeisolierten Baukörper.

Deformation

In den späten 1990er-Jahren entwickelte sich der Konturhaustypus auf faszinierende Weise weiter. Hatte die Entwurfsstrategie der wegweisenden Architekten zuerst darin bestanden, die Silhouette des Hauses extrem zu vereinfachen und diese signalhafte Wirkung durch eine homogene Verkleidung zu unterstreichen, so unterzogen nun einige den blockhaft geschlossenen Baukörper einer »Deformation«. Die bisher eindeutige Form wird asymmetrisch modifiziert, in ihrer klaren Stereometrie gedehnt oder – ohne Veränderung der eigentlichen Kontur – durch Herausschneiden einzelner Partien gleichsam dekonstruktiv behandelt.

Im Zuge eines Auftrags für eine preisgünstige Siedlung im englischen Stevenage entstand ein bisher einzigartig geformter *Doppelhaustyp* (**Abb. 54**). Das Büro Sergison Bates Architects unterzog das übliche »semi-detached«-Muster einer fast schon ironischen Brechung, indem es die Hausseiten an der Vorderfront winkelig ineinander schob. Neben dem positiven Effekt einer Vorplatzwirkung unterstützte dies die gegenseitige optische Zuordnung, welche von der durchgehenden, alternierend in Blaugrau und Braun gehaltenen Faserzement-Schindelung von Seitenflächen und Dach noch verstärkt wurde.

Nicht weniger artifiziell behandeln die Wiener Hermann & Valentiny ein *Wohnhaus* bei Klosterneuburg (**Abb. 55**). Auch hier sitzt ein Holzleichtbau auf einem Betongeschoss und steigert sich mit einem 60°-Winkel zu einem beachtlichen Satteldach. Während die identischen Giebel nach Norden und Süden nahezu geschlossen bleiben, bildet sich das Dach zu zwei extrem unterschiedlichen Flächen aus: Nach Osten wird es von einer Betonscheibe mit auskragendem Vordach geschlossen,

Abb. 54
Sergison Bates Architects (London), *Doppelhaus*, Stevenage, Großbritannien, 1998–2000

Abb. 55
Hermann & Valentiny und Partner (Wien), *Haus am Seitweg*, Klosterneuburg, Österreich, 1995–97

Abb. 56
Valentin Bearth + Andrea Deplazes (Chur), *Haus Willimann-Lötscher*, Sevgein, Kanton Graubünden, Schweiz, 1998–99

54

55

56

nach Westen ist es als glasbedeckte hölzerne Lamellenstruktur laubenartig geöffnet.

Man kann das souveräne *Ferienhaus Willimann-Lötscher* (**Abb. 56**) der Schweizer Architekten Bearth und Deplazes getrost als Schwellenbau der alpinen Architekturgeschichte bezeichnen. An den breiten Fassaden zeigt es die archetypische Giebelsilhouette, von der Schmalseite ragt der in lasierter Holzkonstruktion erstellte Baukörper mit seinen zehn versetzten Geschossen auf einem polygonalen Grundriss turmartig auf. Das Wohnzimmer verfügt über eine Panoramaglaswand. Die Fenster besitzen Kupferzargen, aus Kupfer wurden auch Regenrinnen und Dachbleche gefertigt.

Wie die Urversion eines »Chaletturms« sitzt das *Ferienhaus im Flumserberg* (**Abb. 57**) von EM2N inmitten einer Alpwiese. Ähnlich dem vorhergehenden Beispiel greift die Ansicht von der Breitseite die Talsilhouette eines alpenländischen Giebelhauses auf, der sich gegen die Schräge des Hanges stellende Grundriss ist im Winkel gebrochen. Die dunkle Holzschalung des hohen und schmalen Baukörpers aus Stahlbeton weist dem Schlafgeschoss nur winzige Fensterquadrate zu, wohingegen das oberste Geschoss als ungeteilter Multifunktionsraum über große Glasflächen verfügt. Ausdrucksstark sind die vorkragenden Speier, die das Blechdach hinter der hochgeführten Fassade entwässern.

In der skulpturalen Ausbildung des Baukörpers, den der Japaner Jun Aoki seinem in Tokio realisierten *Haus G* (**Abb. 58**) verpasste, ist das urbane Giebelhaus kaum noch wieder zu erkennen. Auf leicht trapezoidem Grundriss erhebt sich ein dreigeschossiger Holzbau, der seinen Wetterschutz lediglich durch wasserfeste Farbe erhält. Licht und Sicht erlauben kleine, frei verteilte Kastenfenster sowie drei größere Scheiben. In der außergewöhnlichen, einem Polyhedron gleichenden Gesamtform verschleifen sich Fassaden- und Dachzone.

57

58

Abb. 57
EM2N (Zürich), *Ferienhaus*, Flumserberg, Schweiz, 2002–03

Abb. 58
Jun Aoki (Tokio), *Haus G*, Tokio, Japan, 2003–04

Das moderne Giebelhaus – 30 internationale Beispiele

Der verschmitzte Entwurf

Haus in Wandlitz, Wandlitz (D)
heide von beckerath alberts architekten, Berlin (D)

Ein minimaler Dachüberstand, ein separierter Schornstein und der seitliche Einschnitt kennzeichnen das Haus.

Oberhalb des Wandlitzsees, nahe jener zu DDR-Zeiten legendären Siedlung, wurde neues Baugebiet erschlossen. Die Auflage, dass nur Entwürfe mit Satteldach zugelassen seien, verstanden die Architekten als Herausforderung. Ihr Haus unterschied sich auch von seinen vorschriftsmäßig banalen Nachbarn durch einige nicht gerade unauffällige Charakterzüge. Der verputzte Holztafelbau mit tragender Stahlstruktur sitzt in leichter Hanglage gegen Südwesten auf einem 8 × 16 m messenden Kellersockel und streckt seinen kräftigen Kamin zur Seite heraus, so als wolle er dem »Kinderhaus-Schema« partout gerecht werden. Fast trotzig wirken die 17 Tritteisen, die den vorschriftsmäßigen Zugang des Schornsteinfegers gewährleisten und gleichzeitig die gelungene Einpassung des Kamins in die Wandflucht der Hausseite betonen.

Das mit horizontalen Tonziegelschichten schuppig gedeckte 42°-Sparrendach liegt betont eng an, die Fenster ebenso; der in zwei Tönungen sandfarben gehaltene Putz ist ganz glatt – alles scheint signalhaft perfekt gezeichnet und ordnungsgemäß ausgeführt. Doch die Ironie sitzt keineswegs nur im Detail: In die eigentlich intakte Großform wurde radikal eingeschnitten, das Haus verlor auf seiner südlichen Längsseite ein Drittel des Hauptgeschoss-Volumens. Die bis auf diese Fehlstelle vollständig erhaltene Kontur führt lediglich virtuelle Kanten vom Dach nach unten, integriert aber die solcherart erzwungene Terrassenloggia komplett. Zum kuriosen Detail wird hierbei die Wasserableitung aus der Regenrinne mit ihren zwei im Fassadenrest verschwindenden Kurzrohren.

Außen bescheiden – innen aufwändig Gleichzeitig ließ sich die holzbedeckte Fläche der Terrasse raffiniert als Abstellplatz ausweisen, um einen störenden Carport-Anbau zu vermeiden. In ihr öffnet sich ein relingumstandener Lichthof und macht die mit offenem Kamin und Bad ausgestattete Kellerebene zusätzlich bewohnbar. Das Erdgeschoss dehnt sich im Wohnbereich mit einem Luftraum in die Dachschräge aus, die Küche ist offen integriert und besitzt eine kleine Essbar, die dem Alltag eines Zweipersonenhaushalts gerecht wird. Im Obergeschoss befinden sich zwei Schlafzimmer sowie ein in das Dach eingepasstes Bad, das lediglich durch ein Fenstersegment belichtet wird. Waschbecken und Dusche ragen dabei in das kleinere Zimmer hinein. Insgesamt wirkt der bescheiden dimensionierte Bau in seinem Inneren hell und ebenso sorgfältig wie materialbewusst durchdetailliert: Wände und hölzerne Bauelemente wurden weiß lackiert oder lasiert, die Böden der Geschosse zeigen Naturstein, Holzdielen oder Sisal. Um die Terrasse in Zukunft etwas vor fremden Blicken zu bewahren, erhalten Haus und Grundstück eine umlaufende Buchsbaumhecke.

Lageplan

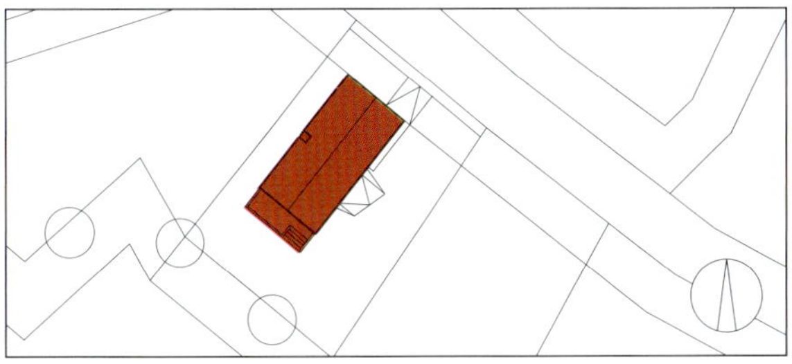

Zwischen dem Geländer belichtet ein kleiner Tiefenhof das Kaminzimmer im Kellergeschoss.

Der Wagen kann direkt neben dem großzügig verglasten Wohngeschoss abgestellt werden.

Der Boden des Dachgeschosses ist mit Sisal belegt. Rechts der Wandvorsprung des Badezimmers.

Der Kaminraum im Keller öffnet sich auf den kleinen Hof. Seitlich lässt sich ein weiteres Zimmer abtrennen.

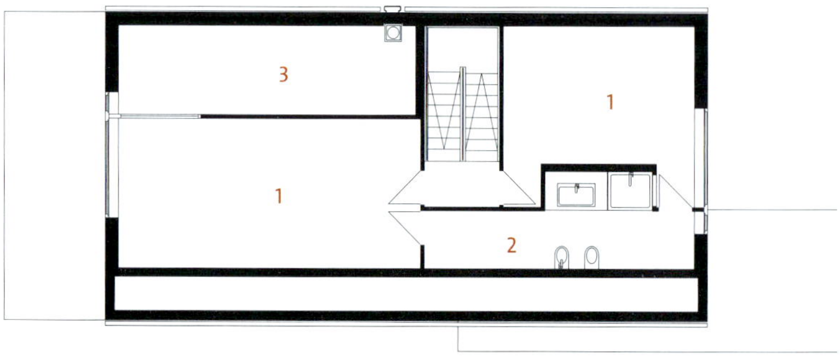

Obergeschoss
1 Zimmer
2 Bad
3 Luftraum

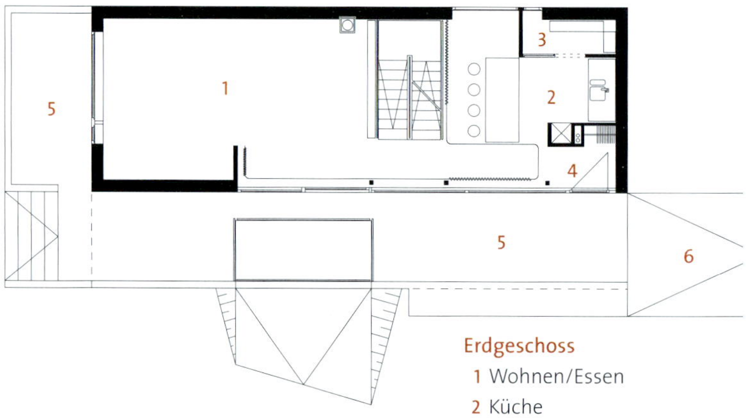

Erdgeschoss
1 Wohnen/Essen
2 Küche
3 Abstellkammer
4 Eingang
5 Terrasse
6 Rampe

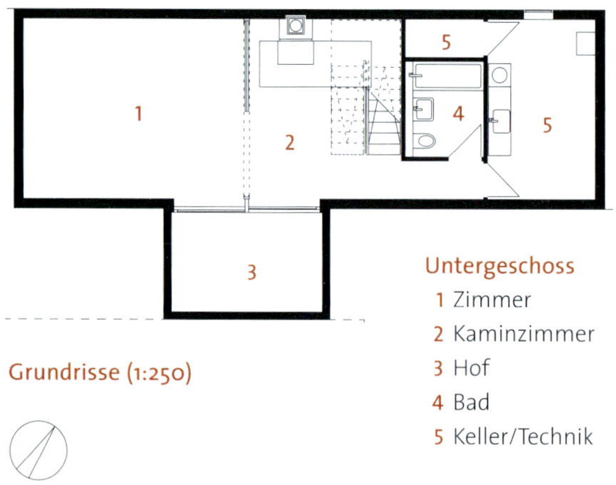

Untergeschoss
1 Zimmer
2 Kaminzimmer
3 Hof
4 Bad
5 Keller/Technik

Grundrisse (1:250)

Trotz der geschlossenen Außenform gelang den Architekten ein lichtdurchflutetes Wohnambiente.

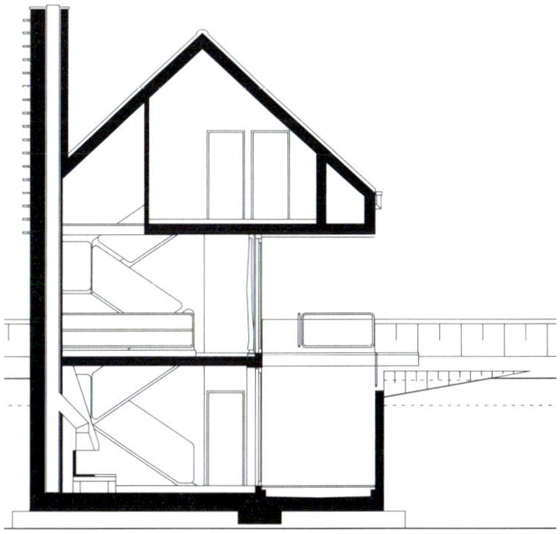

Querschnitt

Gebäudedaten

Architekten Tim Heide, Verena von Beckerath, Andrew Alberts, *Mitarbeit:* Rainer Schmitz

Bauplatz 16348 Wandlitz, Deutschland

Grundstücksgröße 500 m²

Bauweise Holztafelbau auf Beton-Kellergeschoss

Planungszeitraum Januar bis Oktober 2001

Bauzeitraum November 2001 bis Juni 2002

Anzahl der Bewohner 2

Wohnfläche 185,08 m²

Nutzfläche 228 m²

Rauminhalt 870,08 m³

Baukosten 293 000 €

Haus mit Hof

Haus Göppner, Ramstein (D)
bayer | uhrig Architekten BDA, Kaiserslautern (D)

Wenn man sich fragt, weshalb gerade dieses Haus in der eher unbekannten pfälzischen Kleinstadt Ramstein sowohl den »Bundesdeutschen Architekturpreis Putz« erhielt, als auch in die Installation »Deutschlandschaften« der Architekturbiennale 2004 in Venedig integriert wurde, so drängt sich die Antwort nicht unbedingt auf. In der Tat beschreiten die jungen Architekten aus Rheinland-Pfalz nicht nur mit diesem Projekt eine bewusste Gratwanderung zwischen verbindlich-kanonischen Formen beziehungsweise solide bürgerlichen Sehgewohnheiten und einer rigorosen Entwurfskultur. Was von weitem als durchschnittliches, weiß verputztes Einfamilienhaus auftritt, an einem Wendehammer inmitten einer unauffälligen Wohnsiedlung gelegen, das verweigert erst dem Näherkommenden gleichsam aus jeder Perspektive eine Bestätigung der Sehgewohnheit.

Die Ausnahme ist besser als die Regel Lediglich die Wandausführung und das Tegalit-gedeckte Satteldach entsprechen Bekanntem, doch bereits hier signalisieren Details das Andere. Die der Straße zugewandten Fenster sind im Vergleich zur Fassadenfläche klein dimensioniert und sitzen, aus der Mitte versetzt, in dunkler gehaltenen Putzfaschen. Ein graues, die Regenableitung dezent aufnehmendes Abschlussbrett fasst das Dach ein und verklammert es in herausforderndem Widerspruch zu den Nachbarn nahezu bündig mit der Mauer. Noch eindrücklicher aber verwahrt sich der Hauskörper der Erwartung, indem er sich mittig auf der Parzelle platziert und die Gartenfront wie ein nach Süden geöffnetes Atrium einzieht. Raffinierte Folge dieser Planung ist eine ideale Führung des Sonnenlichts in die sich auf diesen Hof mit großen Fenstern öffnenden, ebenerdig

Deutlich anders als die Nachbarn: lang gezogene Kontur und breite Faschen um die Fenster.

Selten in Deutschland: Die Wohn- und Schlafräume öffnen sich auf einen Innenhof.

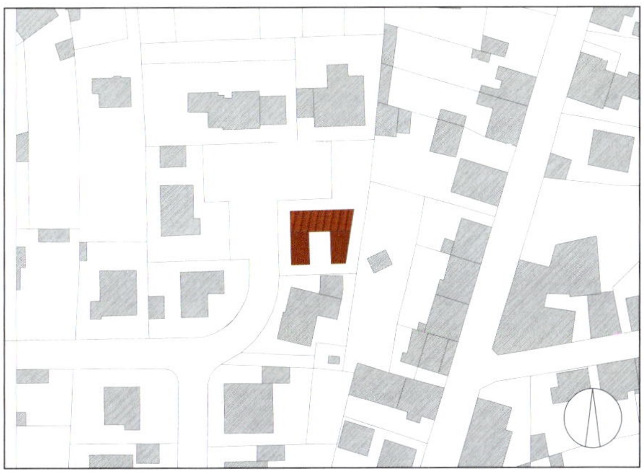

Lageplan

angeordneten Wohnräume. Während die Sonne morgens in das Kinderzimmer scheint, schließt sich der Tageslauf mit dem tief in das Wohnzimmer dringenden Abendlicht, das im Winter beinahe die Rückwand erreicht. Überhaupt zeichnet sich der Grundriss durch Helligkeit und eine klare Organisation aus. Zum Gartenhof öffnen sich Wohn- und Esszimmer, wohingegen die im selben Flügel untergebrachte Küche mit ihrer froschgrünen Theke als einziger Raum ein Fenster zur Rückseite des Hauses erhielt. Auch der Eingangsbereich und der den Schlafflügel erschließende Gang richten sich auf den Hof aus.

Kubatur erleben Insbesondere in diesen Zonen lässt sich die bis zur inneren Dachfläche und damit einer Höhe von sechs Metern offen gehaltene Kubatur des Hauskörpers erleben, der sich – neben den differierenden Bodenbelägen aus Noppenkautschuk, Eichenparkett oder Steinplatten – in einer bis auf wenige Farbakzente strahlend weiß gehaltenen Wandung zeigt.

Der Lauf der Sonne erzeugt permanent wechselnde Lichtverhältnisse im Innenhof.

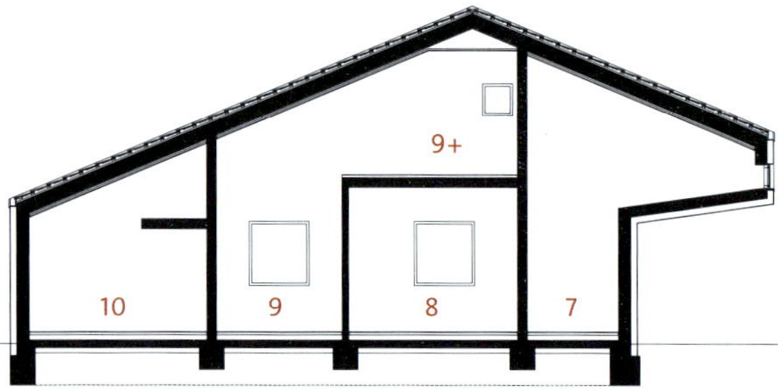

7 Bad
8 Eltern
9 Kind
9+ Level 2
10 Kind

Längsschnitt, Westflügel

Grundrisse (1:250)

Obergeschoss
9 Kind
9+ Level 2

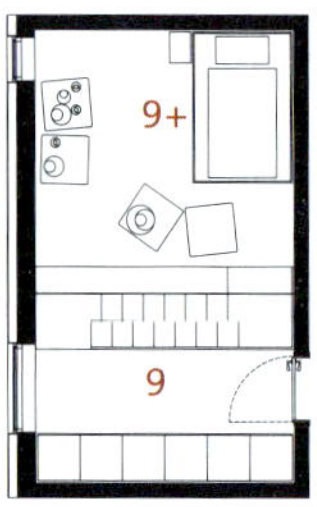

Erdgeschoss
1 Diele
2 Vorrat
3 Küche
4 Essen
5 Wohnen
6 Toilette/Dusche
7 Bad
8 Eltern
9 Kind
10 Kind
11 Hof

Die nach innen gerichteten Wohnräume erlauben größtmögliche Privatsphäre inmitten enger Bebauung.

Was im Äußeren erfolgreich für den Wiedererkennungseffekt sorgt – die zu Carport und Vorbereich ausgefaste Hausfront mit ihrem schmalen Fensterband –, erscheint im Inneren als sich in den Dachraum hineinziehendes unbetretbares Restvolumen. Geheimnisvoll, wie mit barocker Illuminationskunst, dringt indirektes und durch farbige Deckenstreifen getöntes Licht über den Wänden in Foyer, Gästetoilette und Bad. Geheimnisvoll wirkt auch die hochgelegene schlitzartige Öffnung in der Esszimmerwand, von der aus ein aufgrund des Verzichts auf ein Kellergeschoss nun im Dach untergebrachter Hauswirtschafts- und Stauraum belüftet wird. Auch die Töchter der Bauherren profitieren vom Spiel der Architekten mit ihrem bemerkenswerten Raumkörper – sie besitzen ein zweistöckiges Kinderzimmer, das sich vom Erdgeschoss auf eine Zwischendecke über dem Schlafzimmer der Eltern fortsetzt und auf »abenteuerliche« Weise mit einer Leiter erschlossen wird.

Gebäudedaten

Architekten Dirk Bayer, Andrea Uhrig

Bauplatz 66877 Ramstein, Deutschland

Grundstücksgröße 691 m²

Bauweise Massivbau

Planungszeitraum 2002

Bauzeitraum September 2002 bis Oktober 2003

Anzahl der Bewohner 4

Wohnfläche 120 m²

Nutzfläche 185 m² (Keller 65 m²)

Baukosten ca. 250 000 €

Die Leichtigkeit der Form

Haus und Atelier Lang-Kröll, Gleißenberg (D)

Florian Nagler Architekten, München (D)

Der Idealtypus eines Hauses, verkleidet mit semitransparenten Kunststoffplatten.

Als ob es die Wiese zum Dorf hinunter gerutscht und nur durch die im Weg stehende Mauer gestoppt worden wäre, sitzt es auf, das Haus in seiner durchsichtigen Hülle aus Polycarbonat-Stegplatten. Einfach zusammengesteckt und mit Rotzeder-Schindeln gedeckt, zeigt sich die Konturform in seltener Klarheit, elementar in der Fügung ihrer Teile und Materialien. Die Holzkonstruktion aus vorgefertigten Bauteilen, die bis zu 4,10 × 12,48 m messen, ist verspannt durch die mit Streichbalken verschraubten Deckenelemente. Sie lagert auf einem in den Hang gesetzten Stahlbetongeschoss, das Eingang, Heizung und Werkraum aufnimmt. Auto und Holz für die Holzscheitheizung findet Platz unter der Auskragung des leichten Hauskörpers. Seine Kunststoffhülle bildet mit dem inneren Holzkörper aus zum Teil sägerauem Fichtenholz eine zweischalige transluzente Kapsel. Dazwischen befindet sich eine Belüftungszone – die Zuluft tritt durch verschließbare Schlitze am Boden des Giebelhauskörpers ein und strömt an den verzinkten Öffnungslöchern der Seiten wieder aus. Klare Durchsicht erlauben allein die quadratischen Fenster.

Seltene Bauaufgabe: Atelierhaus Der Bauherr, ein Maler und grafisch tätiger Künstler, arbeitet im formal dominierenden Dachgeschoss des »Plastikhauses«, wie man es im Ort nennt. Der ungeteilte Raum ist nur über eine Außentreppe erreichbar, die sich – bäuerlicher Tradition verpflichtet – auf der hangseitigen Wiese gleich einer Hühnerleiter dem Haus anlehnt. Das Atelier wird betreten durch ein großes Schiebefenster, das mit einem gleichen in der Talseite korrespondiert. Die Familie nutzt den über eine Holzwendeltreppe aus dem Kellergeschoss erschlossenen ersten Stock mit seinen 150 m² als Wohngeschoss. Auch hier finden sich Reminiszenzen an das ländliche Wohnen: Vier Kammern sind an den Ecken der Grundfläche von 13 × 13 m durch Holzwände abgetrennt und dienen als Schlafzimmer für Eltern und vier Kinder sowie für die Hauswirtschaft. Für Dämmung sorgt die doppelschalige Fassadenstruktur.

Preisgünstig und einzigartig Im kreuzförmigen, mittleren Restraum, der sich in alle Himmelsrichtungen öffnet, sind mit Küche, zentralem Esstisch und Sitzgruppe die gemeinsamen Funktionen des Familienlebens angeordnet. Attraktiv und interessant wirkt die raffinierte Paradoxie des Entwurfs: Während Silhouette und Schindeldach den Bau auf den ersten Blick in der heimatlichen Tradition verankern, signalisieren der formal isolierte Hauskörper, die gerasterten Kunststoffwände und die serielle Anordnung von Fenstern und Lüftungsklappen technische Modernität.

Durch die lichtdurchlässige Hülle fällt Helligkeit bis in die letzten Winkel der Räume.

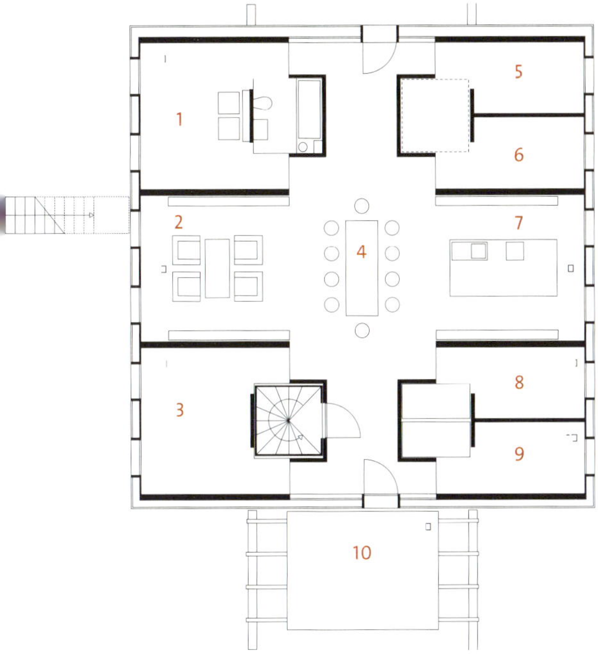

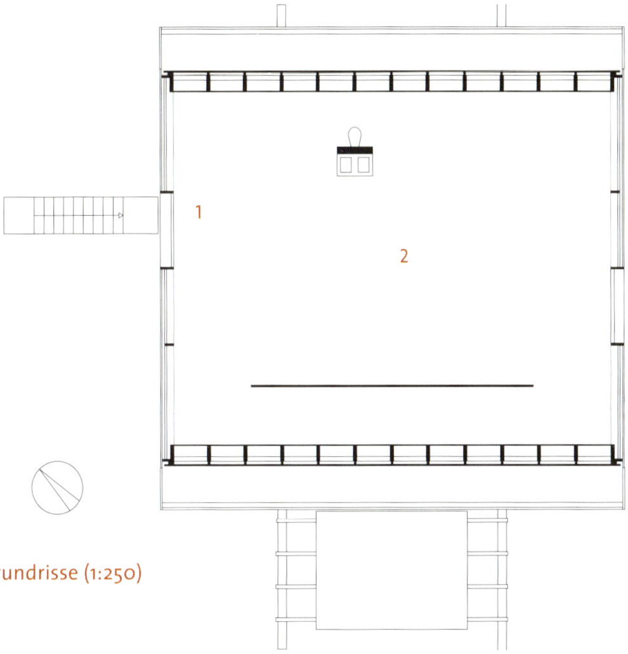

Grundrisse (1:250)

Wohngeschoss
1 Bad
2 Wohnen
3 Schlafen
4 Essen
5 Kind
6 Kind
7 Küche
8 Kind
9 Kind
10 Terrasse

Dachgeschoss
1 Eingang
2 Atelier

Lageplan

Gebäudedaten

Architekten Florian Nagler
Mitarbeit: Stefan Lambertz, Felix Lukasch, Matthias Pätzold

Bauplatz 93477 Gleißenberg, Deutschland

Grundstücksgröße 1000 m²

Bauweise Polycarbonat- und vorgefertigte Holzelemente auf Beton-Sockelgeschoss

Planung 2000

Bauzeitraum März 2000 bis April 2001

Anzahl der Bewohner 6

Wohnfläche 157 m² + 111 m² (Atelier)

Nutzfläche 397 m²

Baukosten 240 000 €

Raumeleganz im Alpenraum

Haus K. am Tegernsee, St. Quirin (D)

Titus Bernhard Architekten BDA, Augsburg (D)

Fast fühlt man sich an die Ostküste der USA versetzt, wenn man es erblickt, das schmale Landhaus oberhalb des Tegernsees. Wie selbstverständlich sind die angenehm schlicht gezeichneten und in Ziegel aufgemauerten Baukörper in eine eng sitzende Haut aus gespaltenen Lärchenholz-Schindeln gekleidet, die sich vom Boden bis über das Giebeldach im niedrigen 20°-Winkel zieht. Auch der prominent in die Front eingepasste Kamin spielt stimmungsvoll auf amerikanische Vorbilder an und erinnert an Larrabee Barnes (s. S. 16). Insbesondere vom oberen Teil des sich den Hang herunterziehenden Gartens betrachtet, bietet sich das Haus als Gruppe aus zwei niedrigen Gebäuden dar, die sich – auf einer Beton-Plattform situiert – sanft in die üppig bewaldete Landschaft schmiegen. Große Fensterflächen lassen die Natur schwellenlos in den Innenraum fließen, während man durch daneben gesetzte Glastüren die holzbeplankte Terrasse betreten, dort im Freien sitzen und den integrierten Außenkamin nutzen kann.

Von der Seite wirkt das Gebäude wie zwei eigenständige Holzhäuser.

Der Kellerunterbau nimmt das Gästezimmer auf und dient als Terrassenfläche.

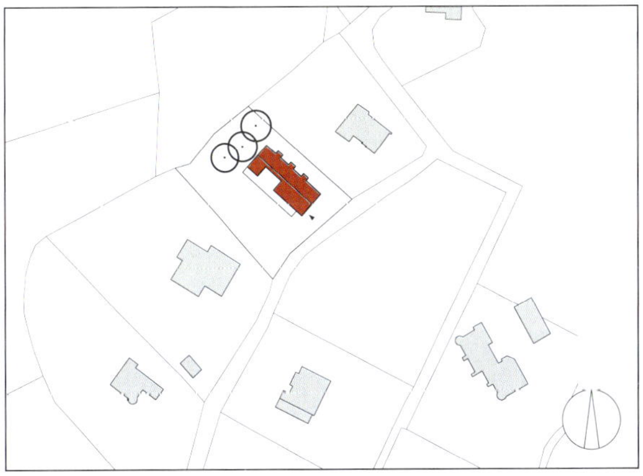

Lageplan

Warmes Holz und glatter Sichtbeton Von der Straßenseite aus aber vermittelt sich ein etwas anderer Eindruck: Hier zeigt das Landhaus seine deutlich höhere, zweistöckige Seite und passt sich in die Gruppe der benachbarten Villen am Berg selbstbewusst ein. Die Terrasse erweist sich als Hanggeschoss, dessen in Stahlbeton ausgeführter Block die östliche Hälfte des Gebäudes unterfängt. Der reizvolle Kontrast zwischen warmem Holz und glattem Sichtbeton wird noch verstärkt, wenn die Läden der drei Fenstertüren des dort eingerichteten Gästezimmers komplett verschlossen sind. An der verglasten Ecke der zweistöckigen Ostfassade befindet sich der Eingang, von dem aus ein repräsentatives Entree mit Treppe und Galerie das darüber gelegene Hauptgeschoss erschließt. Hier offenbart sich das einzigartige, hierarchisch in die Tiefe staffelnde Konzept des längsgerichteten Rechteckgrundrisses, der sich auf der Südterrasse zu einem windgeschützten Aufenthaltsbereich einzieht. In der nach Norden gerichteten Wand, an der sich der Baukörper in den Hang schiebt und lediglich kleine Fensterschlitze aufweist,

wölben sich drei kleine Apsiden aus der Flucht, in denen die kleinsten Funktionen wie Speisekammer, Toilette und Dusche Aufnahme finden. Sie gehören zu der sich entlang dieser hinteren Gebäudeseite arrangierenden Reihe von mittleren Funktionszonen: Auf das Treppenhaus folgen Küche, Bibliothek, Bad und Ankleidezimmer. Sie werden durch Fensterbänder belichtet, die in das Dach integriert sind und öffnen sich mit schmalen Innenfenstern oder Nischen auf den das Haus längs durchlaufenden Gang, von dem aus man den großzügigen Wohn- und Essbereich, die Sonnenterrasse oder das Hauptschlafzimmer betritt.

Raffinierte Wanddurchbrüche Der Architekt bleibt damit sowohl im Raum- wie im Materialkonzept auf dem höchst anspruchsvollen Niveau seiner bisherigen Bauten, auch wenn sich das Äußere des Gebäudes mit seiner traditionsorientierten Holzverkleidung betont zurückhaltend gibt. Genaueres Betrachten offenbart den Reiz der elementaren Komposition aus schwerer Betonbasis und naturnahem Holzaufbau außen, während die innere Raumschale mit strahlend weißer Wandung und dunklem Mirantiholz-Boden eine fast abstrakt ästhetische Sphäre bildet. Diese öffnet sich entweder durch Schlitzfenster oder große, in Holzlaibungen gefasste Glasflächen in die Landschaft. Die Wanddurchbrüche zwischen den hangseitigen Funktionsräumen und dem Gang verhelfen dem Haus zu faszinierenden Raumerlebnissen: So vermittelt beispielsweise ein diwanartiger Leseplatz zwischen Bibliothek und Wohnbereich. Sitzt man in der Wanne des mit sandgestrahltem Travertinstein edel verkleideten Bades, so schaut man durch zwei niedrig angebrachte Bandfenster durch den Gang auf die Terrasse. Unerwartet großzügig präsentiert sich das im gesamten Hauptgeschoss bis in den Giebel nachvollziehbare Hausvolumen und gewinnt vor allem durch die Kombination von weißer Wandfläche und Holzpaneelen beachtlich an räumlicher Eleganz.

Im hohen Treppenhaus kündigt sich bereits der elegante Stil der Wohnbereiche an.

Aus der Badewanne blickt man durch das niedrige Fenster auf den Gang bis zur Terrasse.

Grundrisse (1:300)

Untergeschoss

1 Eingang
2 Garderobe
3 Bad
4 Gästezimmer
5 Weinkeller
6 Heizraum
7 Hauswirtschaftsraum
8 Toilette

Hauptgeschoss

1 Abgang Haustür
2 Luftraum
3 Essen
4 Wohnen
5 Küche
6 Speisekammer
7 Bibliothek
8 Toilette
9 Bad
10 Dusche
11 Ankleide
12 Schlafen
13 Terrasse

Gegenüber:
Die Küche ist der erste einer Folge von hintereinander gelegenen Funktionsräumen.

Ein alkovenartiger Wanddurchbruch verbindet die große Wohnhalle mit der Bibliothek.

Das Hauptschlafzimmer öffnet sich mit großen Fenstern auf die Terrasse.

Gebäudedaten

Architekt Titus Bernhard, *Mitarbeiter:* Daniela Spuhler, Helmut Schmid, Stefan Krippl

Bauplatz St. Quirin am Tegernsee, Deutschland

Grundstücksgröße ca. 1500 m²

Bauweise Ziegelbau auf Beton-Sockelgeschoss

Planungszeitraum 2001 bis 2003

Bauzeitraum 2003 bis 2004

Anzahl der Bewohner 2

Wohnfläche 229 m²

Nutzfläche 267 m²

Baukosten k. Angaben

Wohnen unterm Himmel

Haus K., Nürnberg-Neunhof (D)

Niederwöhrmeier + Kief Freie Architekten BDA, Nürnberg (D)

Als der Berliner Stadtbaurat Martin Wagner 1932 im Kontext der erfolgreichen Berliner Sommerausstellung »Sonne, Luft und Haus für Alle« ein flexibles und extrovertiertes Wohnen in Korrespondenz mit dem Außenraum propagierte, ließen sich die technischen Möglichkeiten des späten 20. Jahrhunderts noch nicht erahnen. Schon gar nicht hätten sich die Bewohner eines kleinen fränkischen Dorfes vorstellen können, dass eines Tages in der Nachbarschaft ein vollständig aus transparentem Glas errichtetes Haus stehen würde. Irritierend wirkt weniger die Großform, die sich sensibel auf die ortstypischen steilen Satteldächer und die zahlreichen Gewächshäuser des als »Knoblauchland« bekannten Landstrichs einstellt. Vielmehr verwirklichten Architekten wie Bauherren radikal die visuelle Öffnung in das Umfeld – letztlich im Sinne des Reformers Wagner. Zugunsten dieses Konzepts wurde auf die tiefenpsychologisch fundamentale Suggestion von Sicherheit durch einen festen und blickdichten Hauskasten verzichtet und im Gegenzug eine wohl einmalige Bereicherung des Wohnens durch die permanente Erfahrung der Natur erreicht. Unmittelbar trifft einen das Naturerlebnis,

Das Glashaus entwickelt bei Dunkelheit einen magischen Reiz.

Links: Auf der obersten Ebene löst sich der Hauskörper optisch nahezu vollkommen auf.

Rechts: Die Zone zwischen Glashülle und massiven Innenbauten wird als Wintergarten gern genutzt.

wenn die Morgensonne hineinscheint, Wolken über das Haus ziehen oder Regentropfen hör- und sichtbar auf seine gesamte Oberfläche prasseln. Je nachdem, ob man sich in den Zwischenzonen im Erdgeschoss aufhält, von wo aus sich das Haus mit dem Garten und seinem Schwimmteich ebenso räumlich wie optisch verzahnt, oder ob man die schmalen Altane des ersten Stockwerks und vielleicht sogar das Oberdeck mit seinem opak verglasten Gästebad nutzt, das Wohnerlebnis ist einzigartig verwoben mit Ausblick und Witterung.

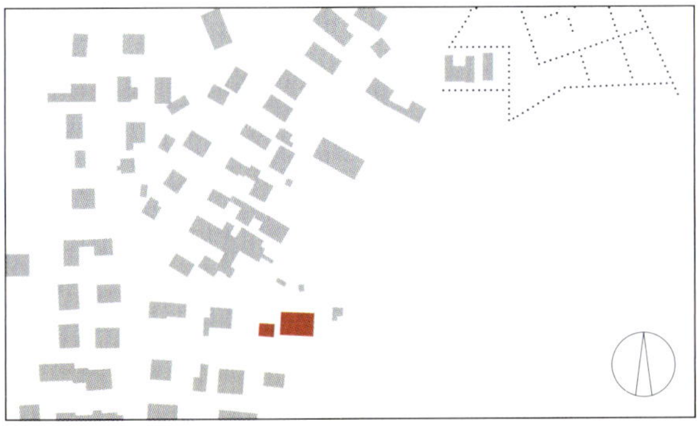

Lageplan

Bautechnik und Binnenklima Bautechnisch handelt es sich um eine auf ein Stahlträgersystem fixierte Haut aus einer Zweischeiben-Isolierverglasung. Sie umhüllt das Innenleben und bildet ein großes, bis zur Dachspitze reichendes Volumen. Interessanterweise überstiegen die Baukosten dieser beeindruckenden Glashülle keineswegs die bei einer Voruntersuchung ermittelten Kosten der üblichen Ausführung mit Wandelementen, Dachstuhl, Ziegeldeckung etc. Das Binnenklima dieses überdimensionierten Wintergartens, das vorher in einer Simulation auf seine Alltagstauglichkeit geprüft worden war, wird über automatische Lüftungsklappen an First und Traufen geregelt, der Sonnenschutz erfolgt über innen an den Schrägen installierte Vorhänge sowie Metalllamellen. Eine weitere Klimazone bilden

Von der Terrasse aus reicht der Ausblick über den Schwimmteich in die Landschaft.

Erdgeschoss

1 Äußerer Glaskörper
2 Toilette
3 Flur
4 Küche
5 Essen
6 Wohnen
7 Arbeiten
8 Garage
9 Abstellen
10 Terrasse
11 Schwimmteich

Grundrisse (1:200)

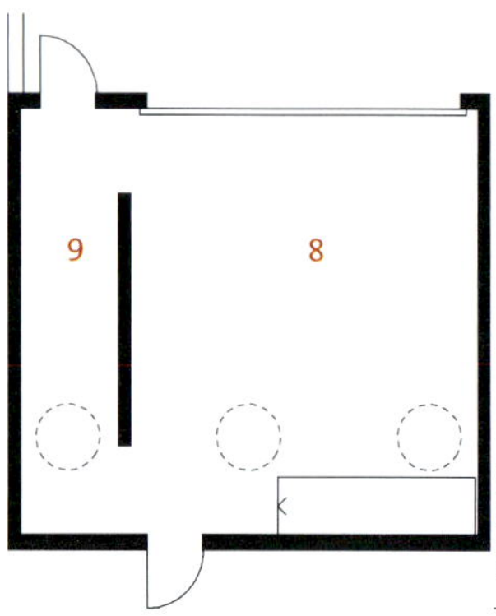

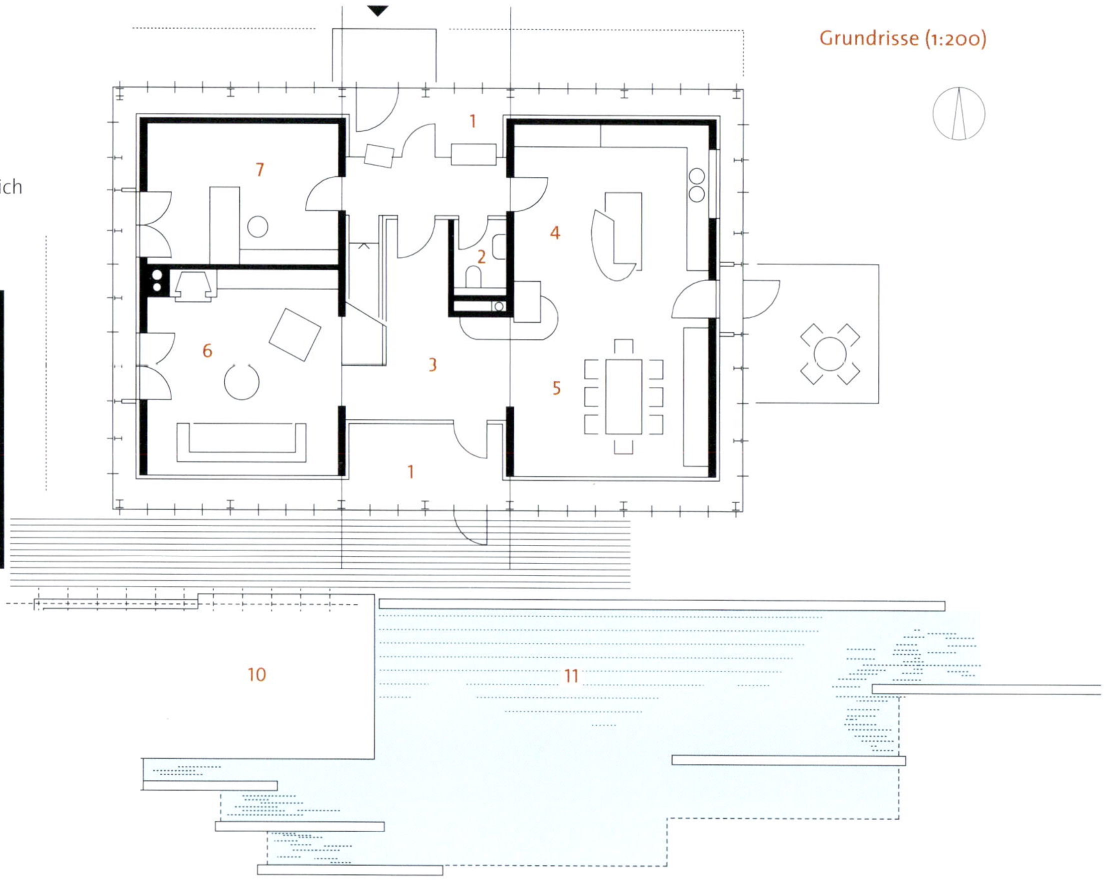

die sich im Glashaus als Stahlbetonkonstruktion erhebenden drei Wohngeschosse auf einem massiven Keller, in dessen Seitenwänden auch die Statik des Glasaufbaus verankert ist. In diesem massiven Teil mit seiner Holzverkleidung aus MDF-Platten erhalten die Bewohner auch konventionell geschlossene Räume: eine große Wohnküche, Wohn- und Arbeitszimmer sowie vier Schlafräume und drei Bäder. Ein spezielles Kastenfenstersystem an den Giebelseiten erlaubt dabei die direkte Frischluftzufuhr von außen. In kühleren Monaten sind angenehme Wohntemperaturen durch die Isolierungswirkung der Gläser, den Wintergarteneffekt, einen Kachelofen sowie eine leistungsfähige Fußbodenheizung sichergestellt. Zur Übergangszeit erfolgt die gewünschte Regulierung durch kurzfristiges Öffnen der Klappfenster. Für die Entlüftung innen liegender Nassbereiche, von Heizung und Kaminen sorgen vier aus dem Glasfirst ragende Metallrohre, die – vor allem zur »blauen Stunde« – mit den erhellten Wohnräumen und dem im Dachraum leuchtenden Bad das »Haus im Knoblauchland« in ein unvergessliches Beispiel bester Giebelhausarchitektur verwandeln.

Gebäudedaten

Architekten Prof. Dr. Hartmut Niederwöhrmeier und Dr. Heidi Kief-Niederwöhrmeier, *Projektbearbeiter:* Jürgen Schmidt, *Mitarbeiter:* Helena Grüssmer, Markus Kohl, Freianlagen mit: Bernhard Lorenz, Nürnberg

Bauplatz 90427 Nürnberg-Neunhof, Deutschland

Grundstücksgröße 1800 m²

Bauweise Beton, Stahlträger und Isolierglasflächen

Planungszeitraum 1996 bis 1997

Bauzeitraum 1998 bis 2000

Anzahl der Bewohner 4

Wohnfläche 201 m²

Nutzfläche 295 m²

Baukosten k. Angaben

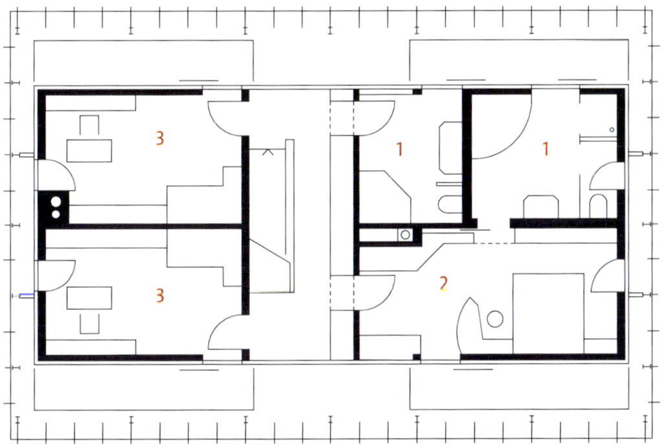

Obergeschoss
1 Bad
2 Eltern
3 Kind

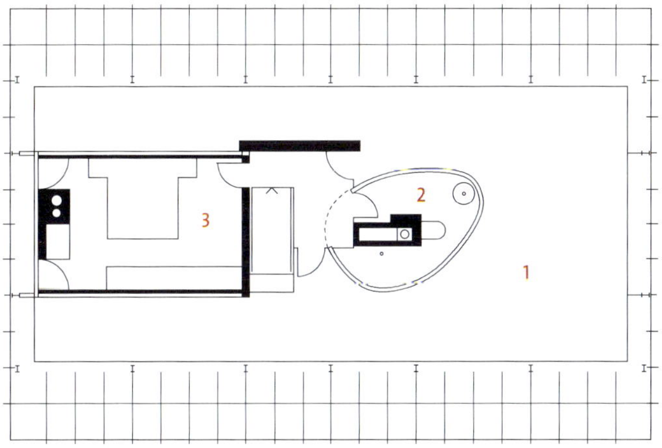

Dach
1 Wintergarten
2 Bad
3 Gast

Villa en bloc

Wohnhaus Emmerich, Münster (D)

Baumewerd – Architekten, Münster (D)

Der lang gestreckte Hausblock füllt das Grundstück nahezu komplett aus und wendet seine Ostflanke selbstbewusst der nur durch einen schmalen Gartenstreifen distanzierten Wohnstraße zu. Hier definiert Architektur den Ort, demonstriert die vitale Ausstrahlung einer klar geformten Volumetrie und einer repräsentablen Front. Bauherren wie Architekten waren sich nach kurzer Zeit schnell über die maßgeblichen Parameter einig. Der Entwurf zeigt sich als suggestiv kraftvolle und doch noble Architektur: Einerseits ziehen der klassische Fassadenaufriss und die ungewöhnliche Proportion des Baukörpers die Neugier auf sich, andererseits verwahren sich die hochwertige Umwandung und der Hoheitsgestus der fünf Fensterachsen mit ihren nahezu stockwerkhohen, doppelflügeligen Glastüren gegen ungebührliches Nähertreten.

Die Eleganz der Verkleidung Das Gebäude wurde komplett mit hellbeigen Keramikplatten verkleidet, die man in einen horizontal gerichteten Raster setzte, der eine Binnenlineatur zusätzlich verstärkt. Auch wenn die Platten hinterlüftet vorgehängt wurden, wirkt der Hauskörper massiv wie aus eng gefügten Steinblöcken. Souverän verzichtet er auf jegliche weitere Gliederung

Eine umlaufende Hecke schirmt das Gebäude ab, ohne ihm Sicht und Licht zu nehmen.

Das kleine Fenster signalisiert die Toilette, die Garage nimmt sich auch farblich zurück.

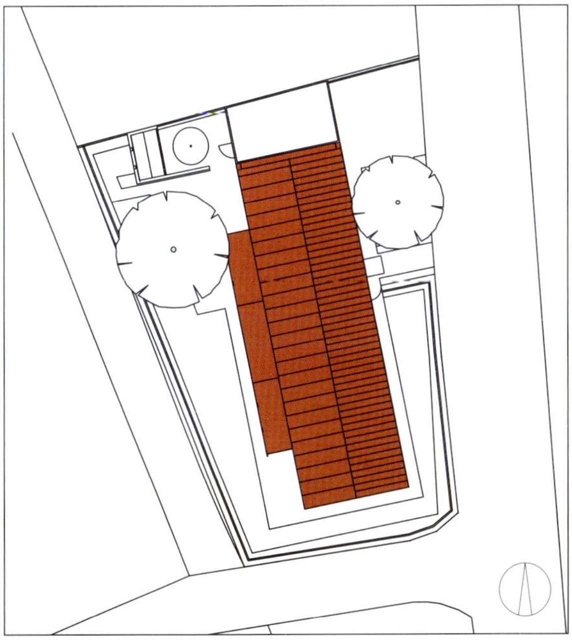

Lageplan

oder unruhige Vorsprünge. Dieser Eindruck wird unterstützt durch die fugenlosen Ecksteine und das bündig aufsitzende Dach, dessen Pfannendeckung betont flach ausgeführt ist, Regenrinne und Fallrohre bleiben unsichtbar. Die grauen Holz-Aluminium-Fenster sitzen leicht vertieft und nehmen mit ihrer Mittelteilung den jeweiligen Plattenwechsel auf. Einzig die durch seitliche Fensterschlitze etwas breitere Eingangstür und das kleine Lochfenster der Gästetoilette entziehen sich der Rhythmisierung, um im modernistischen Sinne ihre Funktion durch Bedeutungsgröße zu signalisieren. Ein glücklicher Einfall, der die repetitive Abfolge der 13 Vertikalachsen dezent stört. Die ebenfalls in Grau gehaltene Garage am Nordende, durch die man sowohl den Keller als auch einen kleinen rückwärtigen Hof erreicht, zieht sich mit ihrem Flachdach bescheiden in den Hintergrund zurück.

Der Essplatz liegt im größten Raum des Hauses – in einer über die gesamte Breite reichenden Halle.

Grundrisse (1:300)

Erdgeschoss
1 Eingang
2 Toilette
3 Küche
4 Hauswirtschaftsraum
5 Anrichte
6 Essen
7 Wohnen
8 Bibliothek
9 Garage

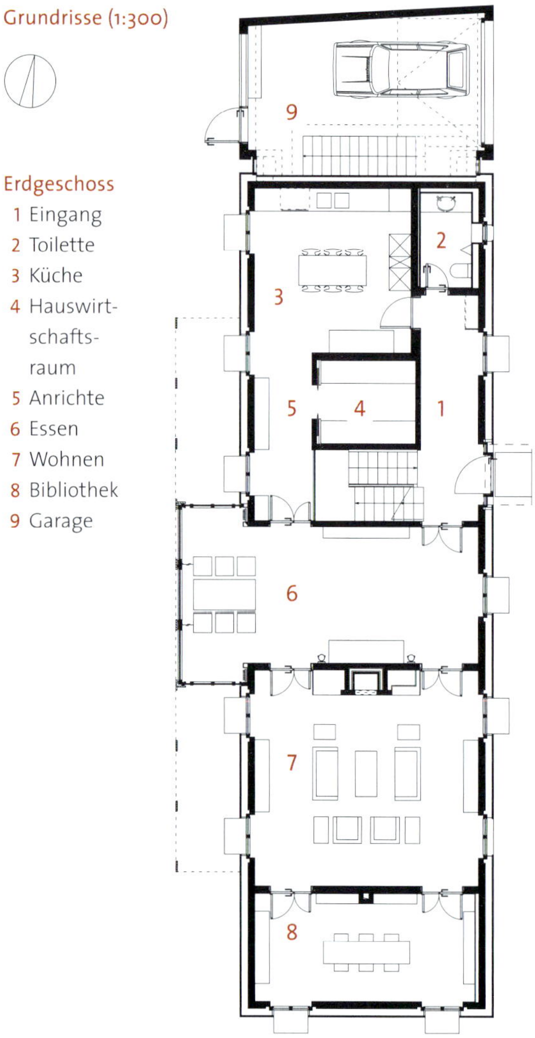

Obergeschoss
1 Flur
2 Bad Kinder
3 Gast
4 Kind
5 Eltern
6 Bad Eltern
7 Sauna
8 Balkon

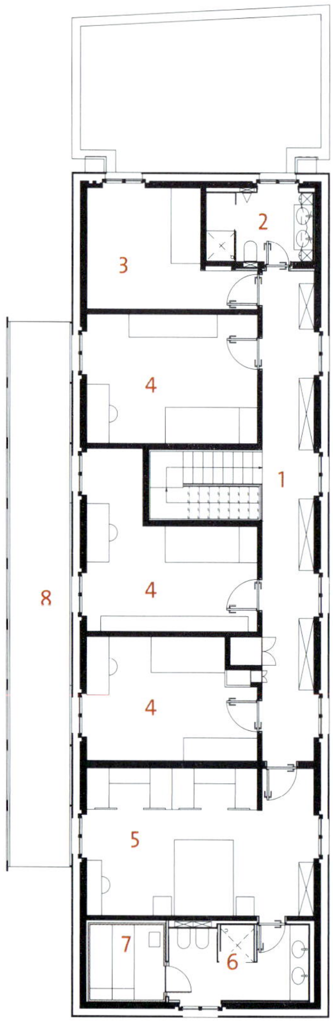

Die Folge der Räume wird durch eine Enfilade mit raumhohen Doppeltüren erschlossen.

Villenhafte Moderne Wer das Gebäude betritt, wird nach jener außen vermittelten villenhaften Anmutung durch die konsequente Planung im Inneren nicht enttäuscht. Insbesondere die raumhohen, in einer Enfilade angeordneten Doppeltüren tragen hierzu bei. Sie vermitteln vom Entree über Speise- und Wohnzimmer bis zur Bibliothek. Solnhofener Platten decken den Boden, im Obergeschoss mit seinen fünf Schlafzimmern und zwei Bädern samt Sauna dient Eichenparkett als Bodenbelag. Das minimalistisch konstruierte Treppenhaus wird durch eine hohe Milchglasscheibe belichtet, hinter der sich die großzügige Küche mit eigenem Essbereich und großer Speisekammer befindet. Wer dann noch im Westen auf die schmale Terrasse mit ihrer einzigartigen Balkonkonstruktion tritt, der erhält einen weiteren Hinweis auf die bautypologische Provenienz des anspruchsvollen Entwurfs. Hier stehen zehn Stahlbänder vor der Fassade und deuten in grafischer Reduktion das an, was zur altehrwürdigen Villentypologie eigentlich noch fehlt: die Säulenreihe eines klassischen Portikus.

Schnitt

Detail Traufe

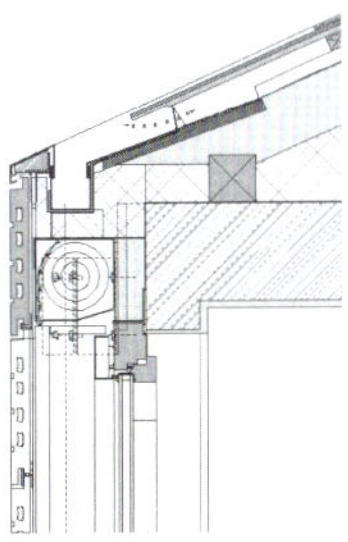

Gebäudedaten

Architekten Prof. Dieter Georg Baumewerd, *Projektleitung:* Dirk Rosengarten

Bauplatz 48149 Münster, Deutschland

Grundstücksgröße 555 m²

Bauweise KS-Vollstein-Mauerung

Planungszeitraum Januar bis September 2001

Bauzeitraum September 2001 bis August 2002

Anzahl der Bewohner 5

Wohnfläche 252 m²

Nutzfläche 380 m²

Baukosten k. Angaben

Ein Bau in Silbergrau

Haus Wackes, Gundelfingen (D)
fuchs.maucher.architekten.bda, Waldkirch (D)

Die graue Fassadenverkleidung aus Holzlamellen wirkt farblich eigenständig und unterstützt die optische Integration.

Wenig verlockend war die Ausgangslage – wie häufig im eng bebauten Südwesten: Die Mehrzahl der Nachbarhäuser dieses Wohngebietes stand schon, nur eine kleine Parzelle mit unruhig verlaufender Grundstücksgrenze hatte man übrig gelassen, und nun sollte nachverdichtet werden. Was sich im Amtsdeutsch so spröde anhört, kann in seltenen Glücksfällen Architekten und Bauherren zu besonderen architektonischen Lösungen herausfordern. Für eine solche zeichnen die Waldkircher Architekten Fuchs Maucher mit einem in seiner gestalterischen Schlichtheit sofort sympathischen Wohnhaus verantwortlich. Das über einem Keller in massiven Holztafelplatten errichtete Gebäude mit seinem niedrigen Satteldach scheint sich auf ideale Weise in die schwierige Situation zu fügen, die dadurch entsteht, dass gerade die Südseite eng an der Erschließungsstraße liegt und gleichzeitig Zufahrt, Parkplatz, Eingang und natürlich auch eine ansprechende Sonnenterrasse dort untergebracht werden mussten.

Geglückter Eingang Im Frühjahr 2003 fiel die Entscheidung, das eigentliche Wohnhaus in Gestalt eines formal geschlossenen, in seiner Kontur klar definierten Baukörpers auszuführen und es relativ dicht an die

Das Haus verfügt über Terrassen auf beiden Seiten – hier die nordwestliche Gartenfront.

nördliche Grundstücksgrenze zu schieben. Dadurch gewann man Raum für eine großzügige Vorfahrt, die auf einen rechtwinklig an das Haus gesetzten Flachdachanbau zuführt. Hier fügt sich alles auf ideale Weise: Der Carport für zwei Fahrzeuge ist offen gehalten und erlaubt ungehinderten Durchblick in den dahinter liegenden Garten. Der Ankommende kann trockenen Fußes aussteigen und transportierte Utensilien im rückwärtig anschließenden Lagerbereich abstellen. Oder er betritt den vor der eigentlichen Eingangstür mit Windfang gelegenen Vorraum, der durch eine in »Toskanarot« gestrichene Wandscheibe vor fremden Blicken geschützt ist. Allein wegen dieses Ausstattungsdetails gebührt den Planern Lob, denn der so ungemein nützliche, regensichere und mit einer Bank zum Ablegen von Taschen einladende Platz vor dem Eingang ist fast in Vergessenheit geraten. Wie selbstverständlich findet er sich noch an alten Bauernhäusern oder in den einfühlsam gestalteten Wohnhausentwürfen der deutschen Reformarchitekten zu Anfang des 20. Jahrhunderts.

Lageplan

Zwei Terrassen für Licht und Sicht Die unmittelbar nebenan liegende lange Südterrasse verfügt, wie ihr nordwestliches Pendant auf der gegenüberliegenden Hausseite, über einen Holzlattenboden und ist von der großen Wohnküche aus zugänglich, an die sich der Wohnbereich mit Kamin anschließt. Das Konzept der beiden gegenüberliegenden Terrassen mit ihren großen Schiebefenstern ermöglichen das Einbeziehen und Genießen beinahe des gesamten Sonnenumlaufs, sei es nun im Inneren oder draußen. Über eine Sichtbe-

Rechts der Hauseingang, links der obere Gang mit der isoliert gezimmerten Badbox.

ton-Treppe gelangt man in das Obergeschoss mit drei Schlafzimmern. Was bereits im Äußeren durch die mittig angeordneten hohen Fensterbänder zum positiven ästhetischen Gesamteindruck beiträgt, wird hier durch den außergewöhnlichen Grundriss erklärt: Das Bad sitzt als separat gezimmerte Box frei unter dem Dachraum, zwischen querliegendem Gang und Treppenhaus, und ist von den auf beiden Seiten liegenden Zimmern aus zugänglich. Im Gang, der es in einem Winkel umläuft, sind zusätzliche Schrankkapazitäten integriert. Sehr sinnvoll erscheint die Einfügung einer Galerieebene über den Zimmertüren, die den Luftraum des Dachbereichs als weitere Abstellflächen nutzbar macht.

Ein durchdachtes Konzept Das mit einer hinterlüfteten, vorbewitterten und durch Holzfaserdämmstoff isolierten Lamellenfassade verkleidete Gebäude profitiert von der auf zweierlei Art nachhaltigen Planung der umsichtigen Architekten. Zum einen begründet die kontrollierte Wohnraumbelüftung als Quelllüftung mit Erdkollektor sowie eine Brauchwassererwärmung über Solarzellen den ökologisch erwünschten Niedrigenergiestandard. Zum anderen bietet die grundsätzliche Flexibilität der Wandpositionen im oberen Stockwerk eine Option zur Teilung des gesamten Wohnzusammenhanges und der Einrichtung einer altengerechten Wohnung im Erdgeschoss.

Gebäudedaten

Architekten Cornell Fuchs, Michael Maucher

Bauplatz 79194 Gundelfingen, Deutschland

Grundstücksgröße 479 m²

Bauweise Massive Holztafelplatten

Planungszeitraum November 2002 bis März 2003

Bauzeitraum März bis August 2003

Anzahl der Bewohner 4

Wohnfläche 184 m²

Nutzfläche 222 m²

Baukosten 355 000 €

Die Wohnküche profitiert von der auf beiden Seiten großzügig eingesetzten Verglasung.

Grundrisse (1:250)

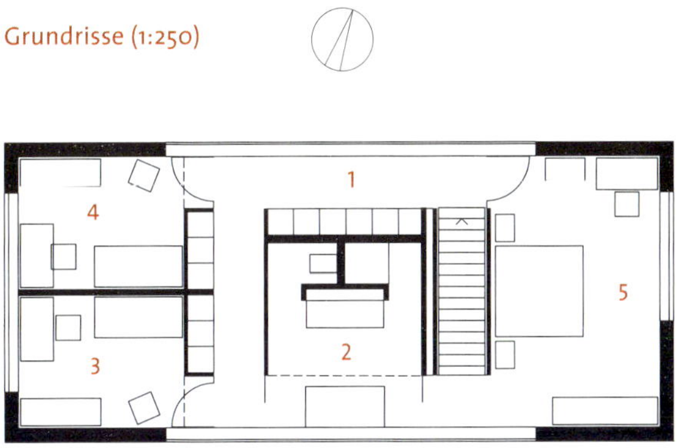

Obergeschoss
1 Ankleide
2 Bad
3 Kind
4 Kind
5 Eltern

Erdgeschoss
1 Carport
2 Fahrräder
3 Eingang
4 Büro
5 Küche
6 Wohnen
7 Terrasse

Frankfurter Synergie

Haus L., Frankfurt am Main (D)

MMZ Marzluf Maschita Zürcher Architekten BDA, Frankfurt am Main (D)

Auch hier, in Frankfurt-Oberrad, wurden die Hauptparameter der Hausgestalt von der Obrigkeit vorgegeben: Ein heller Putzkasten mit Satteldach und roter Ziegeldeckung war gefordert, damit er sich einpasse in den hauptsächlich durch bürgerliches Wohnen geprägten Vorort. Und so entstand das ursprünglich als Doppelhaus für vier Mietparteien geplante und nun durch den Bauherrn selbst als Wohn- und Bürodomizil genutzte Gebäude in zwar erzwungener, aber dennoch umso souveränerer Auseinandersetzung mit dem Giebeltyp. Es wirkt in glatter Kontur ohne jeglichen Dachüberstand oder applizierte Regenrinnen wie ein in lichtes Rot gekleideter Monolith, dessen Farbe und Blockhaftigkeit ein wenig an den für die Gegend so charakteristischen Buntsandstein erinnern. Allein zwei kurze Kamine ragen hervor und wirken in ihrem Schwarz sowie der dem Dachwinkel von 45° entsprechenden Abschrägung dezent futuristisch.

Wie ein Designobjekt steht das groß dimensionierte Haus auf seiner Frankfurter Vorortparzelle.

Mit Sorgfalt wurden alle Bereiche des Hauses individuell gestaltet: hier Kamin und Küche im 2. Obergeschoss.

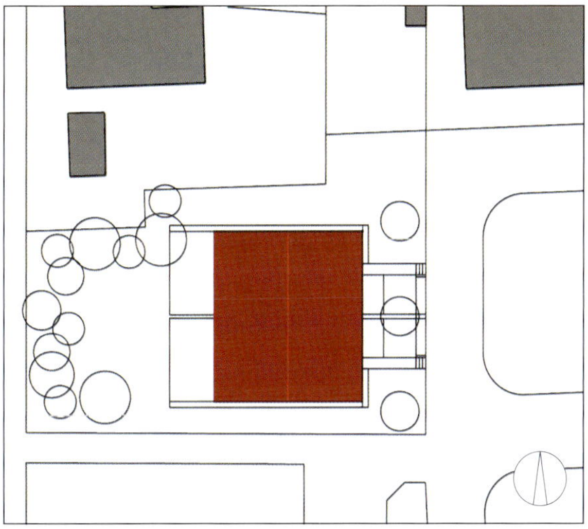

Lageplan

Ein Blick auf Haus und Dach Diesen innovativen Eindruck unterstützen die acht, den mächtigen Baukörper vertikal durchziehenden, kupfergerahmten Fensterbänder, wenn sie ihre Kippelemente an den Schrägen aufklappen – die unteren Fenstermodule sind aus Holz, jedoch lackiert im Farbton bewitterten Kupfers. Jene außerordentlich flächige Geschlossenheit des Hauses wird erreicht durch eine monochrome Gestaltung der Außenhaut. Während das eigentliche Satteldach aus Holzbalken und einer Aluminium-Unterkonstruktion aufgebaut ist, besteht die sichtbare Deckung aus einer Schicht von Caparol-Faserzementplatten, die man im rötlichen Außenwandton durchfärbte. Ihre 30 cm breiten Streifen wurden dem Aluminium doppellagig aufgeklebt, das Wasser leitet ein darunterliegendes Unterdach ab. Zur ungewöhnlichen Außenwirkung tragen auch die seitlichen Horizontalfenster bei, deren ebenfalls acht schmale Streifen gleichsam das Belichtungssystem der Bänder auf den langen Fassaden reflektieren und im Inneren für zum Teil höchst attraktive Lichteffekte sorgen. Die hochwertige Außengestaltung setzt sich in der Innenausstattung fort, die sich durch ebenso individuelle wie aufwändige Entwürfe der Architekten

An den Schmalseiten des Hauses leitet eine Bandfensterreihe das Tageslicht bis in die Galeriezone im Giebel.

für Kamine und Bäder auszeichnet. Mit einer für Wärme und Kühlung einzusetzenden Fußbodenheizung werden sichtbare Radiatoren vermieden. Allgegenwärtig ist der ästhetische Anspruch in den Räumen mit ihrem Boden aus anthrazitfarbenem Stein und zahlreichen Flächen in weißgeöltem Holz und Edelstahl.

Vom Vorteil des Nutzungswandels Aus der ursprünglichen Konzeption als Mehrwohnungshaus gewann man im Laufe des Umbaus gleichsam synergetisch ein enormes Platzangebot. Auf sie weisen noch die Zweiteilung des Zugangs sowie die Symmetrie des Grundrisses hin, im Kontext des familiären Wohnens vor allem aber die Erschließung der zwei obersten Geschosse durch separate Treppenhäuser. Ein Durchbruch der Trennwand ermöglicht im Erdgeschoss eine repräsentative Wohnzone mit zwei Küchen sowie einem jeweils getrennten Zugang zu den oberen Bereichen der Maisonettes, die zum einen als Hauptschlafzimmer mit luxuriösem Bad, zum anderen als Arbeits- und Gästesuite genutzt werden. In der Summe stehen dort 280 m² zur Verfügung. Den zwei letzten ehemaligen Wohneinheiten, die sich mit ihren 100 m² im Dachgeschoss befinden und wiederum doppelstöckig angelegt sind, spendiert das offene Firstvolumen reizvolle Raumeindrücke und aufgrund der Gebäudehöhe von 13,80 m einen sehenswerten Ausblick über die Dächer Frankfurts.

Gebäudedaten

Architekten Thomas Zürcher, Dilek Dogan, Claus Marzluf, Raimund Maschita

Bauplatz k. Angaben

Grundstücksgröße 1269 m²

Bauweise Porotonstein-Massivbau

Planungszeitraum April 2001 bis April 2004

Bauzeitraum September 2003 bis März 2005

Anzahl der Bewohner k. Angaben

Wohnfläche 456 m²

Nutzfläche 806 m²

Baukosten k. Angaben

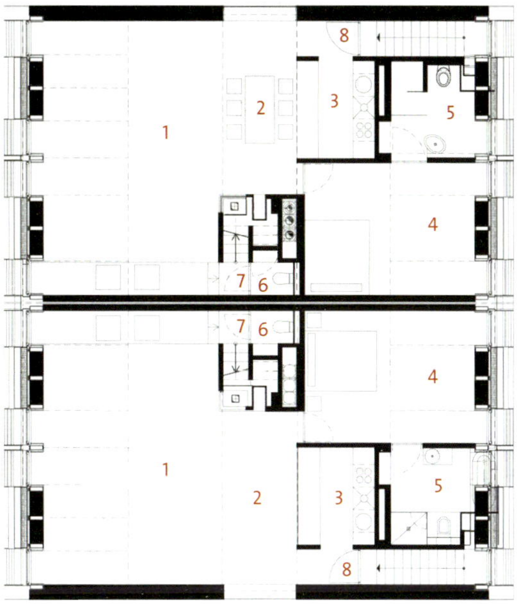

2. Obergeschoss
1 Wohnen
2 Essen
3 Küche
4 Schlafen
5 Bad
6 Toilette
7 Aufgang Dachgeschoss
8 Abgang Treppenhaus

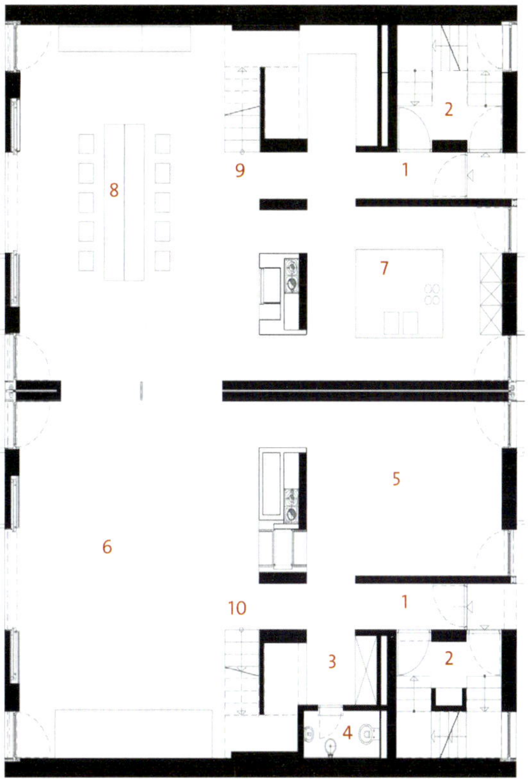

Erdgeschoss
1 Eingänge
2 Treppenhäuser
3 Garderobe
4 Toilette
5 Empfang
6 Wohnen
7 Küche
8 Essen
9 Aufgang Schlafbereich
10 Aufgang Büro/Gast

Grundrisse (1:250)

Kompakt und abwaschbar

Villa Christa, Puchheim (D)

Architekten Klingholz, Ernst, Niedermaier, München (D)

An der Giebelfront des Gebäudes erkennt man das einseitig heruntergezogene Dach.

Ein wenig irritiert der Hausname schon, der einen eher eine neoklassizistische Kurbad-Villa mit Türmchen erwarten lässt, als jenes komplett in schwarze Dachziegel gekleidete »Hausobjekt«. Die Form des Gebäudes, das sich eine junge Familie mit zwei Kindern auf der Restfläche eines Grundstücks mit Zweifamilienhaus aus den 1960er-Jahren bauen ließ, erinnert mit seiner rückwärtig abgeschleppten Dachfläche an den amerikanischen »Saltbox«-Typ. Diesen Eindruck unterstützt die vollkommen homogene Außenhaut, die lediglich für einige groß dimensionierte Fenster gleichsam die Beziegelung unterbrach. Ihre silberfarbenen eloxierten Aluminiumrahmen und die darüber horizontal angeordneten dünnen Tropfleisten unterstützen die hermetische Wirkung der Wandung, an der sich das Regenwasser ungehindert seine Bahn wählt, bis es am Fuße des Hauses ins Kiesbett sickert. Der russische Konstruktivist Kasimir Malewitsch wäre entzückt, denn ebenso wie er es für seine visionären Architekturen der Jahre um 1920 vorgesehen hatte, lässt sich die »Villa Christa« einfach mit dem Gartenschlauch reinigen.

Schnell und preisgünstig In nur zehn Tagen wurde das Haus auf sein Kellergeschoss aus Ortbeton gesetzt, die Wände, Decken und Dachflächen bildeten vorfabrizierte und nach der Montage isolierte Dickholzelemente aus Fichte, von den Architekten im Inneren puristisch unverkleidet belassen. Schließlich folgte die Außenlattung und dann die exakt angepasste Tegalit-Ziegelhülle, die wegen der lotrechten Anordnung partiell geschraubt werden musste. Ganz im Sinne der elementaren Komposition beschränkt sich der Entwurf auch im Umfeld des Hauses auf wenige und einfache Materialien: Eine Südterrasse vor dem Eingangsbereich entstand aus Bordsteinplatten, die man in begehbaren Streifen horizontal verlegte. Dadurch verklammert sie sich optisch mit der Rasenfläche des älteren Nachbarhauses. Die Garage wurde ähnlich einem minimalistischen Baukastensystem aus orthogonalen Beton- und Holzelementen zusammengefügt, der seitliche Hof erhielt einen Kiesboden und wird sich sukzessiv an den unbehandelten Holzlatten entlang seiner östlichen Abschlusswand begrünen.

Ein Hof begleitet die Längsseite des Hauses. Das große Fenster gehört zu Küche und Essbereich.

Ein praktisch durchgeplantes Wohnkonzept Auf den Hof öffnet sich mit breiten Hebeschiebetüren der große Wohn- und Essbereich. Die offene Küche wird durch die klug in einer kurzen, blockhaften Trennwand positionierte Küchentechnik vom Eingang getrennt, ohne den angenehm fließenden Raum des alltäglichen Wohnkontextes einzuengen. Allgegenwärtig ist der warme Charakter des Holzes, das aber auch – insbesondere im Treppenaufgang – mit seinen schlicht komponierten Flächen dem schuppigen Äußeren ein wohltuend glattes ästhetisches Äquivalent entgegensetzt. Es trägt darüber hinaus zu einer hervorragenden Energiebilanz bei: Die Bewohner konnten selbst bei winterlichen Verhältnissen auf eine kontinuierlich laufende Heizung im Schlafgeschoss verzichten. Während hier der Boden aus geseiften Fichtenholzdielen ausgeführt wurde, wählte man für das stark frequentierte Erdgeschoss einen unkompliziert zu pflegenden Belag aus imprägnierten Naturasphaltplatten. Was sich aufgrund der geschlossenen Außenform nicht erahnen lässt: Der Dachstock wurde nur teilweise ausgebaut und erlaubt damit in ihrer Deckenhöhe großzügig bemessene Schlafräume sowie eine Oberlichtbeleuchtung für den Flur, in dem sich eine stauraumfreundliche Schrankwand befindet. Zusätzlich installierte man in der Südwestecke eine Kammer als höchsten Raum des Hauses. Sie ist über eine schmale Stiege neben dem Elternschlafzimmer zu erreichen und bietet ebenjenen Rückzugsraum, auf den das Erdgeschosskonzept zugunsten familiärer Kommunikation und der Integration eines Gästezimmers verzichtet hatte.

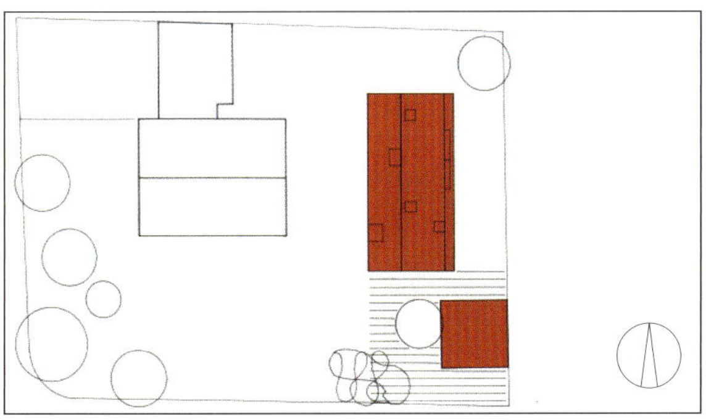

Lageplan

Der Reiz des extensiv genutzten Hausvolumens offenbart sich insbesondere oberhalb der Treppe.

Der großzügige obere Flur integriert zahlreiche Schränke und gehört zu den schönsten Räumen.

Grundrisse (1:200)

Erdgeschoss
1 Garage
2 Diele
3 Garderobe
4 Küche
5 Essen
6 Wohnen
7 Bad
8 Arbeiten
9 Hof

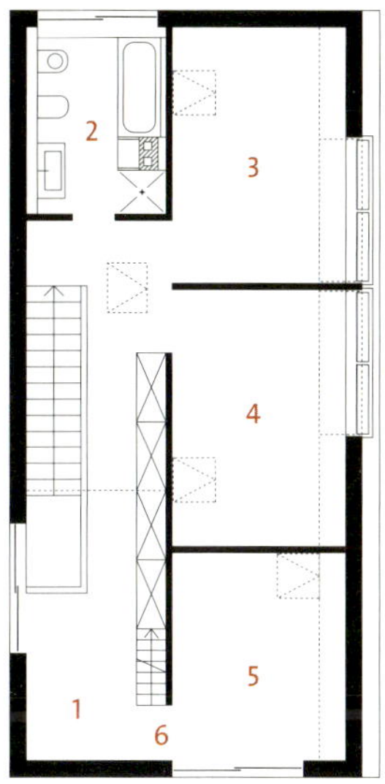

Obergeschoss
1 Galerie
2 Bad
3 Kind
4 Kind
5 Eltern
6 Aufgang zur Dachkammer

Gebäudedaten

Architekten Tobias Fürst, Katja Klingholz, Hans Niedermaier, Architekten BDA, *Mitarbeit:* Jennie Schroth (Studentin), Sigrun Ritthaler (Landschaftsarchitekten)

Bauplatz 82178 Puchheim, Deutschland

Grundstücksgröße 421 m²

Bauweise Vorfabrizierte Dickholzelemente

Planungszeitraum Oktober 2002 bis Dezember 2003

Bauzeitraum Dezember 2003 bis Oktober 2004

Anzahl der Bewohner 4

Wohnfläche 149 m²

Nutzfläche 235 m² + 28 m² (Garage)

Baukosten 277 000 €
(340 000 € inkl. Außenanlagen + Honorare)

Das Erdgeschoss dominiert ein großer Wohnbereich.

Einfach kompliziert

Doppelhaus Daubenberger, Müllheim (D)
pfeifer. kuhn. architekten, Freiburg i. Br. (D)

Mit dem im April 2005 in Müllheim fertig gestellten Zweifamilienhaus des Freiburger Architekturbüros pfeifer kuhn architekten handelte sich die Gemeinde deutlich mehr Positives ein, als lediglich einen bezugsfertigen Neubau. In seiner Position am Eingang einer kleinen Straße als erster in einer Reihe handelsüblicher Satteldachhäuser demonstriert der an den Giebelseiten blaugrau verputzte, ansonsten aber von Kunststoff überzogene Baukörper die Rigorosität der architektonischen Grundform. Eine Provokation im besten Sinne der produktiven Herausforderung. Es gibt sie wohl doch noch, die gute diskursive Architektur, wiewohl ihre gekonnte Stringenz den Nachbarn mit seinem konventionellen Vorstadthaus erst einmal nach Worten ringen lässt.

Louis Sullivan, einer der Urväter der Moderne, mag helfen, mit seinem durchaus ernst gemeinten Reformaufruf aus dem Jahr 1892, dass »unser Denken sich streng auf die Herstellung gutgeformter und in ihrer Nacktheit schöner Gebäude konzentrieren« möge.

Bei Dämmerung enthüllt das Haus seine innere Raumgestalt und wird partiell durchscheinend.

Trotz seiner durchsichtigen Hülle bewahrt der Baukörper diskret die Privatsphäre.

Das Patchwork-Haus Die Entwurfsidee des *Patchwork-Haus* betitelten Gebäudes in Müllheim ließe sich in der Tat als »stripped of« bezeichnen. Es besitzt eine durchscheinende Polycarbonat-Haut aus langen Fünffachstegplatten, hinter der sich das orthogonal gezimmerte Holzskelett des Dachstuhls offenbart. Bis auf geringe Rücksprünge der Fenstertüren im Erdgeschoss sind alle sechs, den Baukörper begrenzenden Flächen extrem glatt, durchstoßen lediglich vom Kamin und drei Lüftungsrohren. Das Wasser tropft einfach an der Wand in eine umlaufende Bodenrinne ab. Durch die symmetrische Anordnung der Fenster in den Giebelseiten scheint der Bau den Passanten anzublicken. Mit seinem Kunststoffdreieck im Giebel ruft er den optischen Effekt eines Krüppelwalmdachs hervor, das sich in formal idealer Nähe zu einem der ortstypischen Bauernhäuser des Südschwarzwaldes zeigt. Ein famoses technoides Substitut regionaler Baukultur, ausgestattet mit hohem Kniestock und einer zentralen Halle. Doch bereits die Andeutung der symmetrischen Grundordnung im Äußeren kündet von dem stringenten, an Renaissance-Formen gemahnenden Entwurf. Der quadratische Grundriss wurde in neun kleinere Quadrate geteilt, die geschossweise unterschiedlich kombiniert sind und damit eine mehr als nur interessante Raumkomposition ergeben. Gleichzeitig erlaubt dieses Prinzip die baulich einzigartige Symbiose zweier Wohnungseinheiten in einer Haushülse.

Lageplan

Die zentrale dreistöckige Halle gehört zu den ungewöhnlichsten Innenräumen der Wohnhausarchitektur.

Ein einzigartiges Raumspiel Während sich im Erdgeschoss zwei längsgerichtete Raumblöcke bilden und die großen Wohnzimmer aufnehmen, sind die beiden oberen Ebenen im rechten Winkel dazu gedreht und entlang der Schmalseiten angeordnet. In ihnen wurden jeweils Schlafzimmer, Bäder und eine Giebelkammer untergebracht. Zwischen diesen Scheiben befindet sich die bis zum First reichende Halle, gegenläufig durchstoßen von vier Stahltreppen, die aufgrund dieser Anordnung einen kaufhausartigen Rundweg durch die Stockwerke ermöglichen. Sie erschließen auch die auf den unteren Wohnriegeln befindlichen Freiflächen, über denen mit ihren Fenster- und Türöffnungen wie manieristisch wirkende Innenfassaden aufragen. Diese Halle erfreut sich aufgrund der Kunststoffverkleidung der Dachflächen größter Lichthaltigkeit und nutzt diese zur passiven Wärmeenergiegewinnung. Die Zu- und Abluftregulierung erfolgt über die Bodenklappen im Sockelbereich sowie die Dachfenster und Abzüge entlang des Firstes. Heizschlangen in Böden und Decken – beschickt mit Fernwärme von einer gemeindeeigenen Holzschnitzelanlage – gewährleisten die Grundwärmeversorgung, die optional durch eine thermische Solaranlage und eine kleine Holzheizung im Erdgeschoss unterstützt werden kann. Die längsseitigen Außenwände zudem bestehen aus rohen Brettstapelmodulen, an denen sich das durch die transluzente Außenhaut dringende Licht erwärmt und entlang der Dachinnenseite aufsteigt. In Analogie zur sullivanschen Sentenz über menschliche Qualitäten und architektonische Gestalt könnte man demnach hier nur feststellen: nicht nur schön, sondern auch intelligent!

Energiediagramm Querlüftung im Sommer

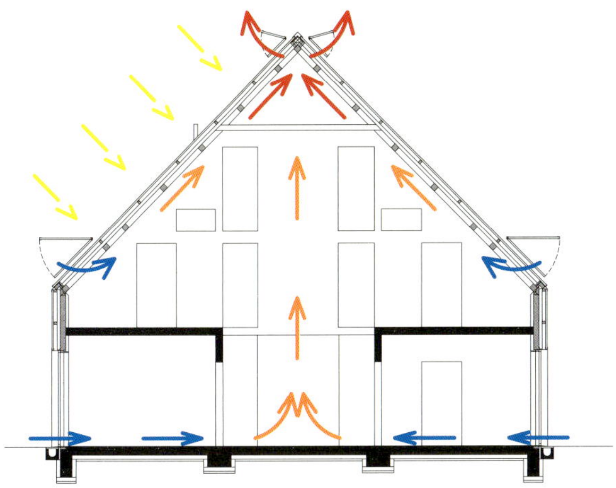

und im Winter

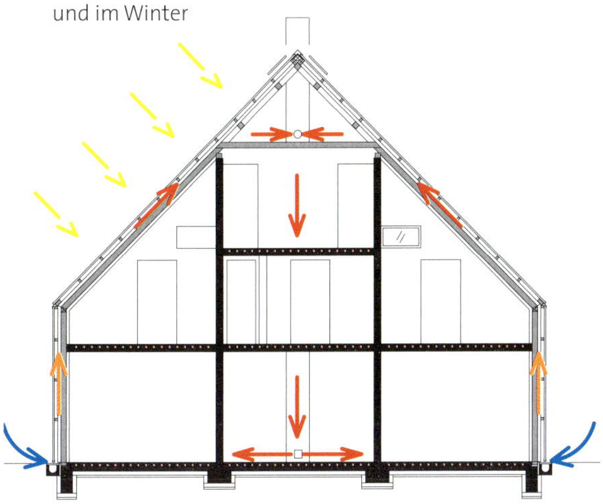

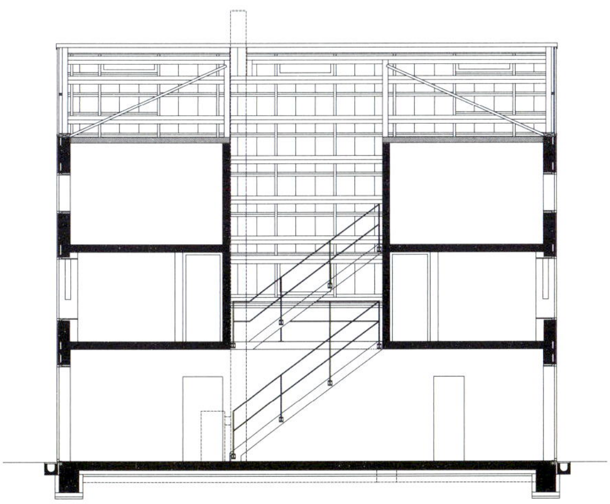

Längsschnitt

Obergeschoss

1 Luftraum
2 Wohngarten
3 Schlafen
4 Wohnen
5 Bad
6 Toilette

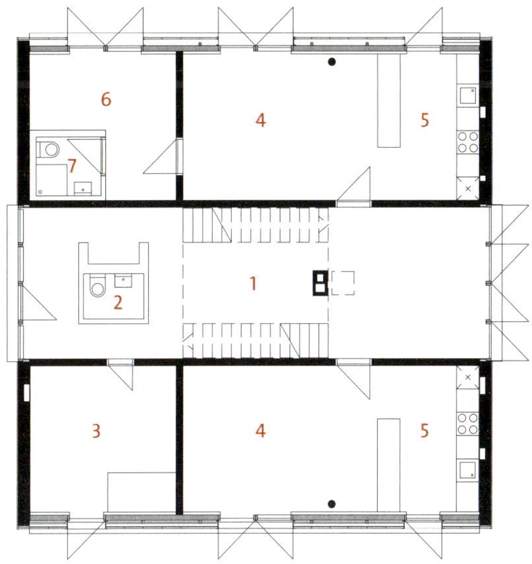

Erdgeschoss

1 Halle
2 Toilette
3 Technik
4 Wohnen
5 Küche
6 Schlafen
7 Bad

Grundrisse (1:250)

Gebäudedaten

Architekten Prof. Günter Pfeifer, Christoph Kuhn – pfeifer.kuhn.architekten (bis 30.6.2005: pfeifer.roser.kuhn.Architekten)
Projektleitung: Thomas Gillich,
Mitarbeit: Simone Wechsler

Bauplatz 79379 Müllheim, Deutschland

Grundstücksgröße 804 m²

Bauweise Massivbau in Stein und Beton

Planungszeitraum April 2003 bis August 2004

Bauzeitraum August 2004 bis April 2005

Anzahl der Bewohner 4

Wohnfläche 304 m²

Nutzfläche 304 m²

Baukosten 480 000 €

Stadelform im Blechwickel

Haus h + l, Irdning (A)
x architekten, Linz-Wien (A)

Ein Kloster in der Steiermark, benachbart ein Grundstück mit alten Bäumen, zwei Lehrer und ihre kleinen Kinder. Das waren die Parameter, mit denen zu arbeiten war. Hinzu traten die verständlichen ökonomischen Wünsche: kurze Bauzeit, niedrige Unterhaltskosten sowie die Beachtung des knappen Budgets. Gute Architekten und innovative Entwürfe reifen an den Herausforderungen, und so wurde die Architekturlandschaft des Ennstals um ein weiteres Kleinod ergänzt. Formaler Ausgangspunkt sollte der regionaltypische Stadel sein, dessen einfache Holzkontur sich unauffällig in den ländlichen Kontext einfügen würde. Auf einer Fundamentplatte aus Stahlbeton entstand ein vorgefertigter Holzriegelbau, dessen Giebelseiten eine vertikale Lärchenholz-Lattung erhielten. Die nahezu geschlossene Nordseite sowie große Fenstertüren nach Süden und Westen erlauben einen günstigen Niedrigenergiestandard. Da auf einen Keller verzichtet wurde, erhielt der tendenziell quadratische Grundriss des Wohnhauses einen seitlich platzierten externen Lagerraum, der das Ensemble mit dem angeschlossenen Carport zum Längsrechteck komplettiert. Die pointiert geschlossene Blockgestalt des Hauses wird aufgelockert durch eine sich neben der Haustür schräg nach innen einziehende Wandung, eine aus dem Volumen geschnittene Loggia im Westgiebel und das daneben angebrachte verzinkte Kaminrohr. Dieses gehört zu einem Kachelofen, die Hauptheizleistung wird durch Fernwärme bereitgestellt.

Wie eine glänzende Folie legt sich die metallene Wandung um den blockartigen Hauskörper.

Das Eingangsmodul integriert Hausnummer, Mülleimer und Bohlenweg. Das Haus gibt sich verschlossen.

Zur Konzeption des Inneren Die Innendisposition präsentiert sich in bester funktionalistischer Manier in der Nachfolge eines Marcel Breuer oder Walter Gropius. In beiden Stockwerken wurden geschossteilende Schrankwände eingezogen, durch die man Gästezimmer, Kinderzimmer und Büro betritt. Trotz beschränkter Finanzen vermitteln diese großzügigen, aus geöltem Eichenholz gefertigten Innenausbauten dabei einen überraschend noblen Wohncharakter. Die ebenfalls durch die meterbreite Wand erschlossenen Bäder, Toiletten und die Haustechnik liegen in der Nordostecke übereinander. Eine zusätzlich als Abstellkammer genutzte Treppe verbindet die Geschosse und endet oben in einem bauernhaustypischen Längsflur, den die Kinder als Spielraum benutzen können. Von ihm und dem parallel liegenden Elternschlafzimmer aus lässt sich die Loggia betreten, die einen fantastischen Blick auf die steiermärkische Bergkulisse bietet.

Lageplan

Entwurf und Reflexion Die jungen Linzer x architekten wären allerdings ihrem schöpferischen Impetus nicht gerecht geworden, hätten sie es bei exzellenter Praktikabilität und hoher Bauökonomie belassen. Sie

Der Entwurf gewinnt durch die gelungene großflächige Materialkombination. Die Loggia bietet Alpenblick.

überzogen den Hauskorpus mit einem Aluminium-Band, das sich von der Nordseite über das Dach bis hin zu der aus Bohlen gezimmerten Südterrasse ohne Unterbrechung fortsetzt. Dieses in der ruhigen Einfamilienhauswelt des Örtchens Irdning außergewöhnliche Motiv dient nicht nur der ästhetischen Klärung, indem es auf elegante Weise das Dach flächenbündig an den Baukörper anschließt. Es verleiht dem Bau darüber hinaus eine liebenswerte optische Sprachfähigkeit, da das Metall der Fassade die jeweilige Licht- und Farbstimmung der Umgebung reflektiert: warmes Glühen am Sommerabend, frisches Grün am Tage und kühles Silber bei Schnee. Wenn schon bald Lärchenholz und Terrassenfläche hell verwittert sind, wird es im Winter optisch fast verschwinden, das kleine Landhaus im Blechwickel.

Grundrisse (1:200)

Erdgeschoss

1 Eingang
2 Bad
3 Technik
4 Gast
5 Abstellraum
6 Wohnen
7 Essen
8 Küche
9 Lager
10 Carport

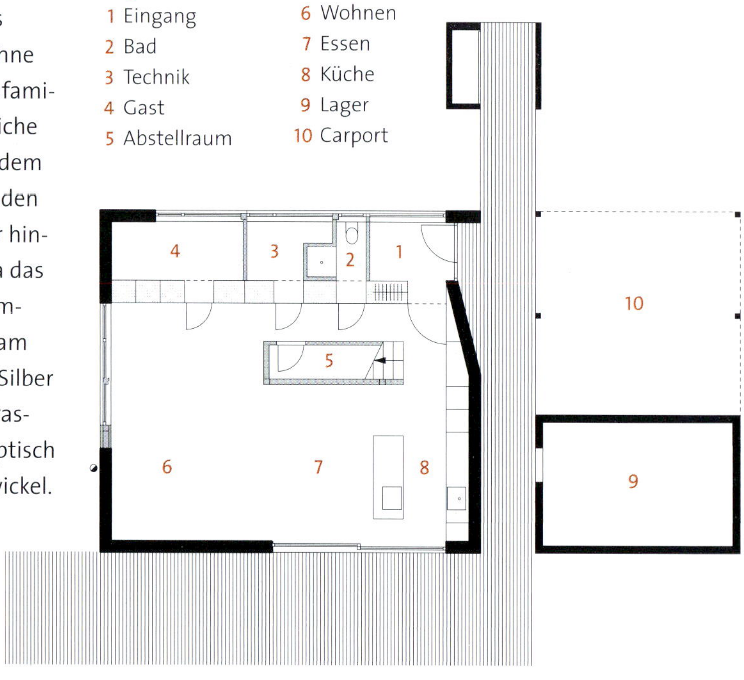

Der große Wohnraum mit offener Küche wird äußerst sorgfältig sauber gehalten.

Obergeschoss
1 Flur
2 Loggia
3 Eltern
4 Kind
5 Kind
6 Büro
7 Bad

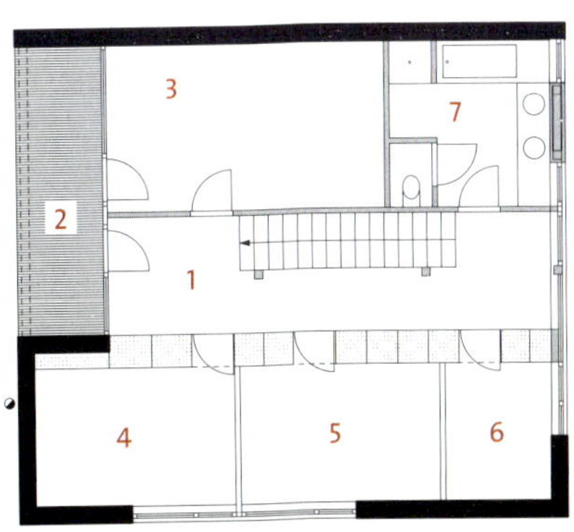

Gebäudedaten

Architekten Rainer Kasik, David Birgmann, Max Nirnberger, Lorenz Prommegger, Bettina Brunner mit Monika Liebmann, Linz

Bauplatz 8952 Irdning, Obersteiermark, Österreich

Grundstücksgröße 970 m²

Bauweise Vorgefertigter Holzriegelbau

Planungszeitraum 2002 bis Mai 2003

Bauzeitraum Juni 2003 bis Januar 2004

Anzahl der Bewohner 4

Wohnfläche 138 m²

Nutzfläche 165 m² (inkl. Garage + Carport)

Baukosten 175 000 € (exkl. Mwst.)

Zwischen Wiese und See

Haus Wieland, Seekirchen (A)

Ebner: Grömer + Handle, Altheim (A)

»Variatio delectat« – Abwechslung erfreut. Liegt ihr eine gelungene formale Kombination zweier sehr unterschiedlicher Komponenten zugrunde, wie im Falle des Hauses Wieland, so ergibt sich aus dem Wechselspiel der Charaktere zudem ein anregender optischer Reiz. Voraussetzung hierfür: Die Architekten mussten das »Sowohl – Als auch« gleichermaßen hochwertig realisieren. In diesem Fall erscheint das »Sowohl« in Gestalt eines geschlossenen Holzkastens, der mit seiner Giebelform und dem dominanten Material Analogien zu den örtlichen Scheunen aufweist, von denen eine sich auf dem angrenzenden flachen Wiesenareal befindet. Der in Holzständerbauweise konstruierte Baukörper ist auf die reine Kontur zurückgeführt, die von der Rückseite gesehen lediglich durch ein aus dem Dach schießendes Kaminrohr aus Aluminium unterbrochen wird. An den drei rückwärtigen Fassadenflächen wurden drei Glasflächen eingepasst, die sich jedoch nicht öffnen lassen und nur der Belichtung und dem Ausblick dienen. Sie liegen mit ihren dünnen Metallrahmen bündig in der Wandfläche und unterstützen damit die hermetische Ästhetik der Großform, die sich vor allem der über den kompletten Hauskörper gezogenen Schalung aus unbehandelten Lärchenholzlatten verdankt. Sie wurden

Der schmale Vorbau vereint Schuppen (rechts), Parkplatz und Windfang.

Zur Landschaft hin wirkt das Wohnhaus hermetisch verschlossen und schützt vor der Neugier manches Spaziergängers.

zugunsten der hochwertigen Wandanmutung von hinten verschraubt und sitzen auf einer Konterlattung, unter der sich an den vertikalen Flächen die gedämmten Platten des Wandaufbaus, an den Dachflächen das eigentliche, in Alu-Trapezblechdeckung ausgeführte Dach befindet. Für eine Hinterlüftung sorgen ausreichende Zwischenfugen, wobei jede einzelne, horizontal auf Brüstungshöhe des Obergeschosses verlaufende Fuge nicht nur durch die Länge der eingesetzten Latten bestimmt wird, sondern zudem in der Gesamtansicht dazu beiträgt, die massive Wirkung des Hausblockes zu unterstützen.

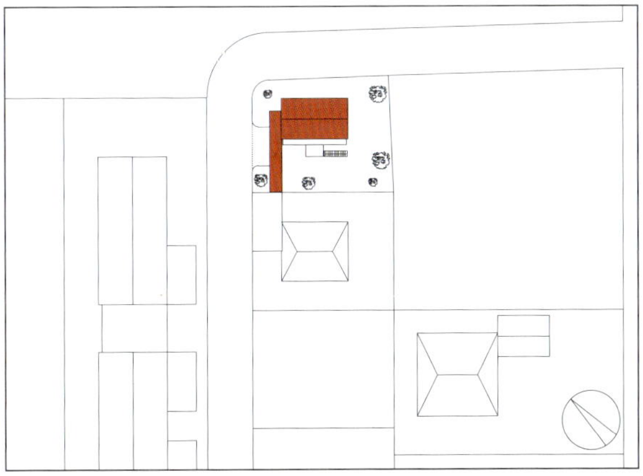

Lageplan

Der Reiz der Hausbox Besonders attraktiv wirkt auch das schmale, um die Westecke geführte horizontale Fensterband, das sich der noch unverbauten Landschaft zuwendet. Es signalisiert die im Inneren umgekehrte Funktionsverteilung der Geschossebenen. Während die zwei Kinderzimmer und das Elternschlafzimmer samt Bad im Erdgeschoss untergebracht wurden, liegen die offene Küche und der Wohn-/Essbereich, zu dem das Panoramafenster gehört, im ersten Stock und profitieren dort von einer besseren Aussicht in das Salzburger Land samt Wallersee und dem Vorteil, nicht für Passanten von der Straße aus einsehbar zu sein. Vom Wohn-

Clou des Wohnraums ist die Blocktreppe zur Galerie.

Oben das Eckfenster des Wohnraums, unten das Elternschlafzimmer.

raum aus führt eine skulptural anmutende Blocktreppe auf eine weitere, galerieartige Wohnebene im räumlich nicht abgetrennten Giebelbereich. Geschickt disponierten die Architekten mit dem rechteckigen Grundriss, als sie zusätzlich eine kleine Einliegerwohnung in das Wohngeschoss zu integrieren hatten. Auch die untere Schlafebene, von der aus alle Zimmer einen Ausgang in den Garten besitzen, verfügt über eine bemerkenswerte symmetrische Raumaufteilung, die das kleine Elternschlafzimmer durch einen separierten Schrankraum entlastet und das Bad mit einer in den Boden vertieften Wanne leicht aus der Gartenfassade herausragen lässt.

Die offene Gartenfront Das »Als auch« des Entwurfs erscheint in Gestalt zweier applizierter schwarzer Elemente, die sich mit dem Holzbau verklammern. An der Nordostseite schließt ein Riegel das Grundstück zur Straße hin ab, der einen kleinen Eingangsvorbau samt gedecktem Weg und Abstellraum aufnimmt. Der Clou des Hauses ist jedoch seine der geschlossenen Rücksei-

Grundrisse (1:300)

Erdgeschoss
1 Abstellraum
2 Windfang
3 Diele
4 Schrankraum
5 Eltern
6 Kind
7 Bad
8 Terrasse

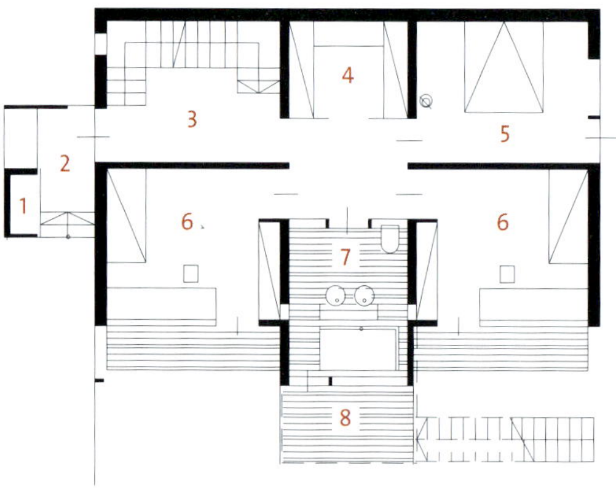

Obergeschoss
1 Abstellraum
2 Toilette
3 Wohnen
4 Aufgang Galerieplattform
5 Küche/Essen
6 Einliegerwohnung
7 Bad
8 Balkon

Noch ohne Nachbarn genießt man die Randlage mit herrlichem Blick in das Salzburger Land.

te widerstrebende Gartenfront. Hier befinden sich auf jedem Geschoss drei große Fensterbereiche, die sich jeweils auf Holzflächen öffnen. Motiv dieser vorgelagerten Anlage ist ein schwer wirkender schwarzer Rahmen, der den oberen Balkon aufnimmt und mit dem Anbau korrespondiert. Von hier aus führt eine leichte Treppe in den Garten. Unter einer exakt in der Mitte positionierten vergrößerten Balkonfläche befindet sich das Badmodul mit einem eigenen, sichtgeschützten Freibereich.

Schnitt

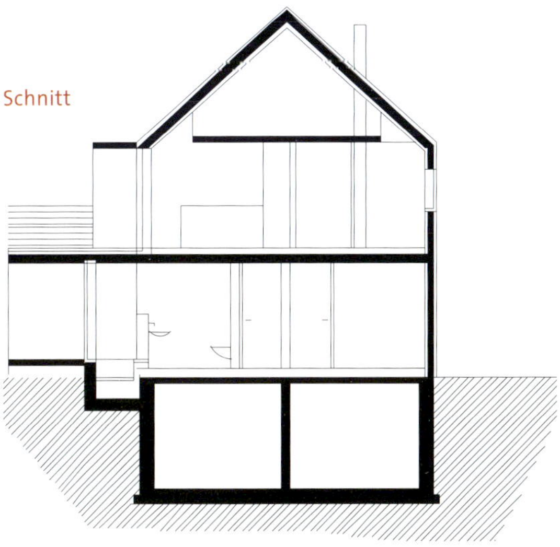

Gebäudedaten

Architekten Johannes Ebner, Franz Grömer, Mario Handle

Bauplatz 5201 Seekirchen, Österreich

Grundstücksgröße 450 m²

Bauweise Holzriegelbau mit Brettstapeldecken

Planungszeitraum 2000

Bauzeitraum März 2001

Anzahl der Bewohner 4

Wohnfläche 138 m²

Nutzfläche 211 m²

Baukosten 230 000 €

Kleiner Titan in Zink

Haus Mares, Linz (A)
Atelier Sturmberger-Moser, Linz (A)

Eine »neue Zeit« scheint eingezogen in die ehemalige Linzer Arbeitersiedlung Keferfeld. Im denkmalgeschützten Ensemble der kleinen Satteldachhäuschen aus den 1930er-Jahren, die sich in einer unregelmäßigen Linie an den schmalen Straßen aufreihen, hat sich ein Fremder niedergelassen. Auf den ersten Blick von seiner Metallhaut irritiert, wird man aber bald neugierig und gewinnt bei genauerem Betrachten schnell einen eher sympathisierenden Zugang. Das gemütvoll bürgerliche Ambiente der schmucken Häuschen wird nämlich keinesfalls gestört durch dieses architektonische »Alter Ego«, fügt es sich doch mit volumetrischem wie funktionalem Einfühlungsvermögen bruchlos ein, akzeptiert Parzellengliederung, Dachneigung und Wandflucht, nimmt sogar die typischen Dachversprünge der Altbauten auf und teilt sich quasi kontaktsuchend den

Zur Straße hin bewahren die Wandscheiben von Carport und Terrasse die Privatsphäre.

An seiner nördlichen Gartenseite demonstriert der Entwurf die mächtige Wirkung der Materialien.

Eingangsweg mit dem neobiedermeierlichen Nachbarn. Dieser duldet die Metallplanke des Vordaches, das sich in seine Hauswand schiebt, so als leiste er dem spannungsvollen Kontrapunkt des Entwurfs mit bescheidener Geste seine Unterstützung.

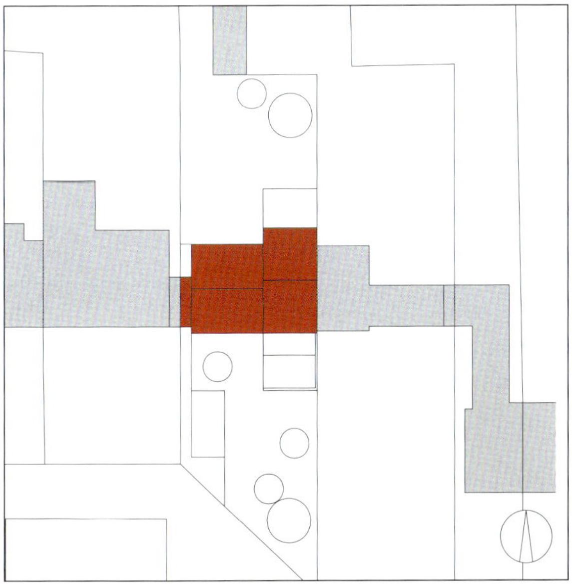

Lageplan

Aufwändige Spenglerarbeit Denn letztlich ist er einer von ihnen, trotz seiner eng sitzenden Haube, die jede Lichtveränderung farblich changierend aufnimmt. Sie besteht aus schmalen Titanzinkblechen, die sich in einem orthogonalen Raster über die gesamte Außenfläche legen. In kunstvollem, zeitaufwändigem Spenglerhandwerk wurde so auf einer durch den Zimmermann an die Betonwände gesetzten Lattung eine Hülse akkurat an Ecken und Dachknick flächenbündig um den Baukörper herum gefalzt. Ihre Hinterlüftung erfolgt durch Leitbleche aus dem Sockelbereich entlang der Wände und Dachflächen bis zu einem schmalen südseitigen Austritt am First. Ebenso unauffällig integrierte man die Dachrinnen, deren horizontaler Schacht, sofern er überhaupt wahrgenommen wird, den Fassaden eine gewisse optische Massivität verleiht.

Der Typus des Siedlungshauses – neu belebt Der neue Grundriss vermeidet die enge Innendisposition, wie sie für die Kleinbauten der 1920er- und 1930er-Jahre charakteristisch ist. Der angenehm fließende Wohnzusammenhang zeichnet sich durch eine ebenso ergonomisch ausgearbeitete wie ökonomisch durchdachte Anordnung aus und profitiert davon, dass hier lediglich

Obergeschoss
1 Schlafen
2 Zimmer
3 Schrankraum
4 Bad
5 Galerie
6 Luftraum

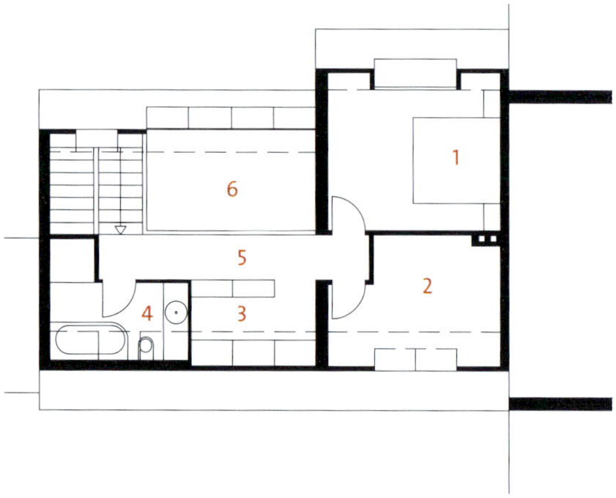

Grundrisse (1:250)

Erdgeschoss
1 Wohnen
2 Essen
3 Küche
4 Speisekammer
5 Toilette
6 Terrasse
7 Wasserbecken
8 Carport

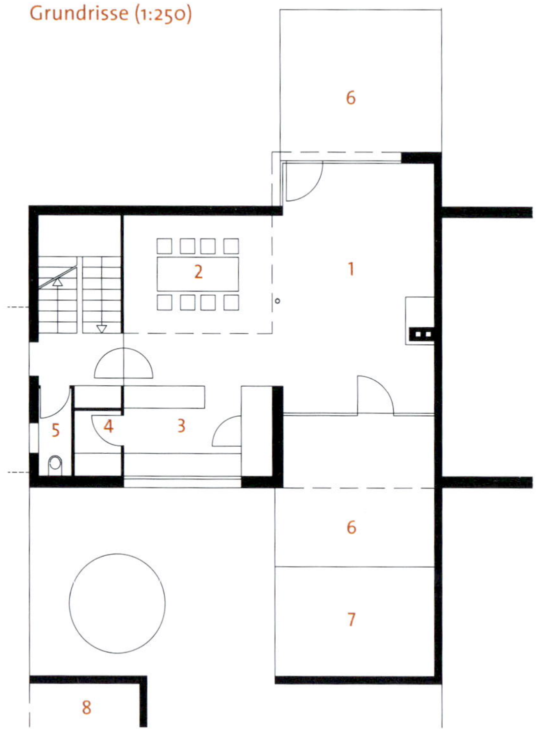

Untergeschoss
1 Technik
2 Keller

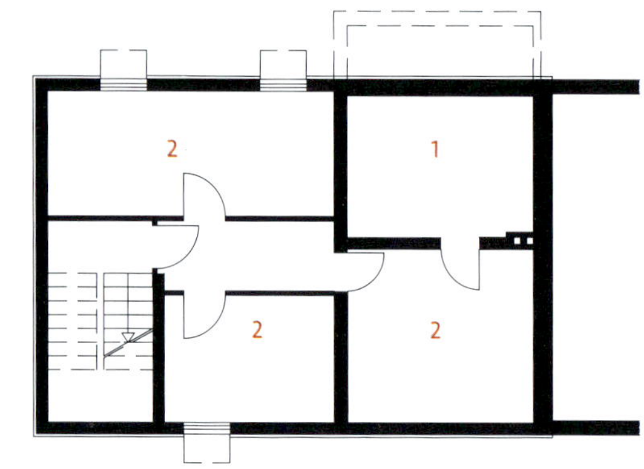

Alter und junger Nachbar werden durch ein gemeinsames Vordach verbunden.

Die Gartenfront bei nächtlicher Innenbeleuchtung.

zwei Bewohner ihr Heim finden sollen. Zur Straße liegen Gästetoilette und Küche, darüber das Bad und ein Schrankraum. Der offene Essbereich erhielt einen Luftraum, durch den sich die ansonsten eingeengte Erschließung über Treppe und dunklen Gang in eine attraktive Galeriesituation mit hellem Tageslicht aus den Dachfenstern verwandelt und dabei dem Erdgeschoss wie dem Dachstockwerk zugute kommt. Unter den zwei Schlafzimmern auf der oberen Ebene liegt das große Wohnzimmer, das sich sowohl nach vorne als auch in den rückwärtigen Garten öffnet und den Hausherren bei geschlossenen Glastüren einen optimal ausgeleuchteten Aufenthaltsbereich mit Blick ins Grüne ermöglicht, gleichzeitig aber auch ein variables Außenwohnen anbietet. Einerseits lassen sich die wechselnden Sonnenstände ausnutzen, zum anderen bieten die zwei Holzterrassen zusätzlich Abwechslung, indem sich die Nordseite auf Rasen, die Südseite auf ein Wasserbassin öffnet. In stimmiger Beibehaltung der analogen Umsetzung vergangener Siedlungsbaukunst in die Gegenwart erlaubten sich die im Villenbau erfahrenen Architekten hier einen nachvollziehbaren Verzicht auf Jägerzaun oder Buchsbaumhecke und arbeiteten mit Sichtbeton-Wänden. Diese bieten den Terrassen und dem Carport baulichen Rückhalt und schaffen eine funktionierende aber nicht abschottende Sichtblende gegenüber der Straße. Wer dennoch am stilistischen Miteinander zweifeln sollte, der möge sich die harmonische Eintracht vor Augen führen, in der sich die Kamine aneinanderschmiegen: der Alteingesessene in Backstein, der Neubürger in Titanzink.

Gebäudedaten

Architekten Andreas Sturmberger, Dietmar Moser

Bauplatz 4020 Linz, Österreich

Grundstücksgröße 1413 m²

Bauweise Massivbau

Planungszeitraum Oktober 2001 bis März 2002

Bauzeitraum März bis November 2002

Anzahl der Bewohner 2

Wohnfläche 115 m²

Nutzfläche 115 m²

Baukosten k. Angaben

Mit Hang zum Hang

Wohnhaus Hämmerle, Röns (A)
architektur.terminal, Nenzing (A)

Das flächenmäßig kleinste Dorf Vorarlbergs, die Gemeinde Röns mit ihren 300 Einwohnern und 1,44 km² Fläche nicht weit vom Bodensee und am Eingang des beliebten Großen Walsertals, zeichnet sich wie viele der Nachbarorte durch eine herrliche alpine Landschaft aus. Seit 2002 steht hier, eng an einen der steilen Hänge geschmiegt, ein Konturhaus »par excellence«: die *Casa Hämmerle*. Es ist eines der Bauten, deren architektonische Physiognomie einem nicht mehr aus dem Sinn geht. Wie ein perfekt hergestelltes Technikmodul sitzt es in der Topografie, vollkommen, wie mit einem Panzer, aus dunkelgrauen Platten überzogen. Dieser Effekt verdankt sich vor allem der mit ihrem hauslangen Fensterband im Obergeschoss fast wehrhaft wirkenden talseitigen Front. Auf der Bergseite dient eine in Zukunft grün bewucherte Betonwand als Klammer zum Hang. Die Bank davor und der gepflasterte Vorplatz mit der hundertjährigen Linde dahinter verbinden sich mit dem Neubau zum atmosphärisch romantischen Duett zwischen Architektur und Natur – eine nicht unmaßgebliche Qualität des Gesamtentwurfs. Hinter dem Haus und unter dem Blätterdach des ehrwürdigen Baums liegt der Gartenhof, geschützt gegen die kleine, dicht vorbeiführende Straße durch eine nordseitige Mauer.

Wie ein abstraktes Objekt sitzt das Haus in der Landschaft des Großen Walsertals.

Das Fensterband auf der Talseite beleuchtet Wohnbereich, Küche und Schlafzimmer.

Der geschlossene Hauskörper Der dunkelgraue Block des Wohnhauses mit seinem niedrigen Giebel – er ist in Massivbauweise errichtet – gewinnt seine kompakte Wirkung durch die homogene Hülle: Eine hinterlüftete Fassade aus vertikal angeordneten Eternit-Tafeln wurde mit einem gleichfarbigen Dach kombiniert, für das Dachplatten derselben Firma zum Einsatz kamen. Während dessen Flächen von schräg unten gesehen aufgrund der engeren Deckung fast wie ein traditionelles Schieferdach anmuten, kennzeichnet die Umwandung des Hauses großflächige Perfektion. Relativ fluchtend wurden die Fenster mit ihren Holz-Aluminium-Rahmen eingepasst, die Seitenlaibungen des Fensterbandes erhielten eine Fase, was den Charakter der massiven Materialität des Baukörpers verstärkt.

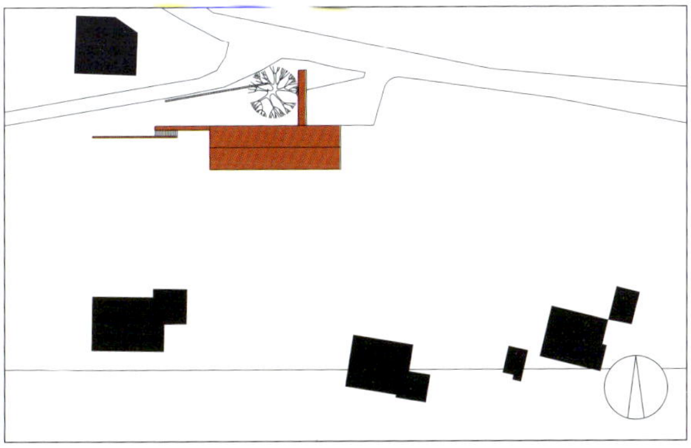

Lageplan

Gestaltungsanspruch verpflichtet Der hohe ästhetische Anspruch der Außenform, den der Kontrast zwischen dunklem Eternit und hellem Sichtbeton der hangseitigen Anbauten prägt, findet in der luxuriösen Ausstattung des Hauses sein Äquivalent: Ein Aufzug erschließt das Obergeschoss, in dem sich östlich ein Hauptschlafzimmer mit Ankleideraum und Bad befindet. Nach Westen hin folgen in einer Linie die Treppe, eine offene, zweizeilige Küche mit großem Esstisch, eine Trennwand mit integriertem Kamin und schließlich der Wohnbereich. Das Bandfenster der Talseite mit

Oberes Erdgeschoss

1 Terrasse
2 Wohnen
3 Essen
4 Küche
5 Abstellraum
6 Flur/Lift
7 Bad
8 Toilette
9 Ankleide
10 Schlafen

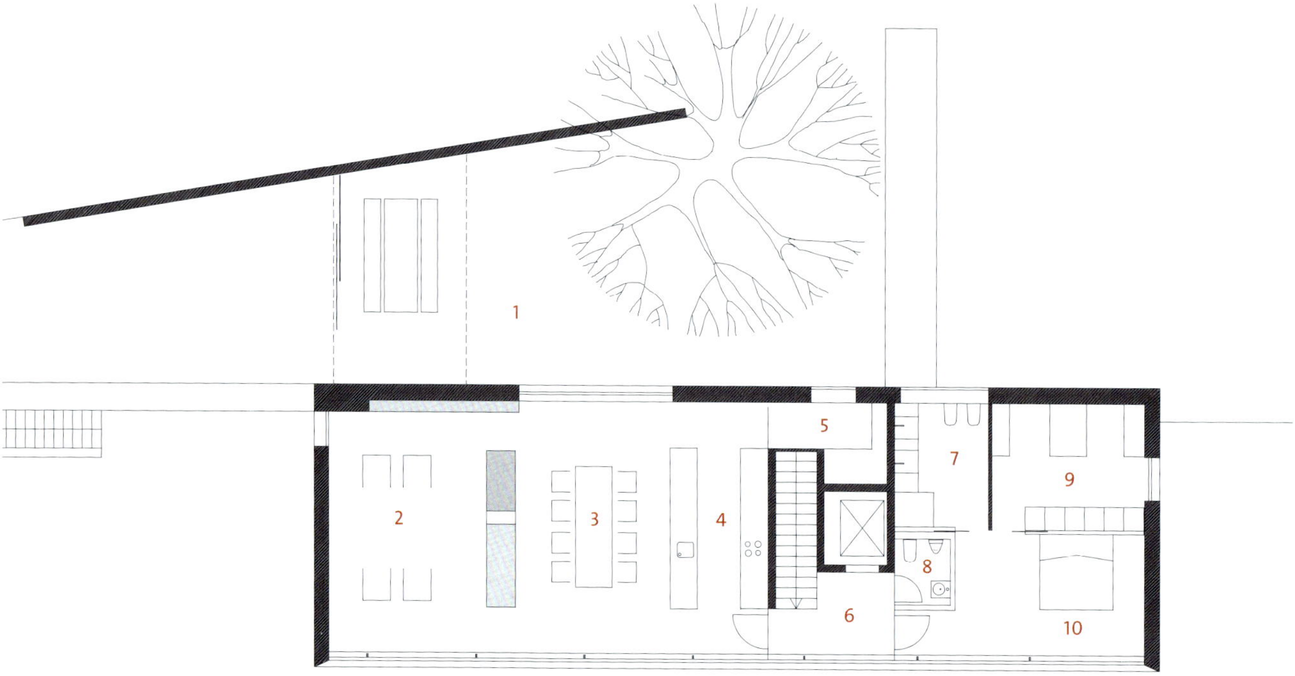

Grundrisse (1:250)

Unteres Erdgeschoss

1 Sauna
2 Schwimmbad
3 Abgang Technik
4 Toilette
5 Keller
6 Flur
7 Windfang/Lift
8 Fitness
9 Gast
10 Hauswirtschafts-
raum
11 Abstellraum
12 Garage
13 Vorplatz

Das Wohn- und Schlafgeschoss sitzt unmittelbar unter den Giebelschrägen.

seiner angenehm tief ansetzenden Brüstung ermöglicht aus jeder Position einen ungehinderten Panoramablick auf den Rätikon. Im Erdgeschoss wurde neben Funktionsräumen und einer Doppelgarage auch das Gästezimmer positioniert. Eine Rampe führt barrierefrei zum westlichen Wellnesstrakt, der aus einem Fitnessraum sowie dem in den Hang gefügten Hallenbad mit Sauna besteht.

Gebäudedaten

Architekten Martin Hackl, Dieter Klammer

Bauplatz 6822 Röns, Österreich

Grundstücksgröße 1280 m²

Bauweise Massivbau

Planungszeitraum 2001 bis 2002

Bauzeitraum 2002

Anzahl der Bewohner 2

Wohnfläche 140 m²

Nutzfläche 280 m² inkl. Schwimmbad und Fitnessbereich

Baukosten k. Angaben

Querschnitt von Westen

Cool in Dornbirn

Haus Innauer, Dornbirn (A)

Oskar Leo Kaufmann | Albert Rüf, Ziviltechniker GmbH, Dornbirn (A)

Exaltiert – das wäre wohl der passende Ausdruck für ein in fugenlos genietetem und gelochtem Stahlblech verkleidetes Wohnhaus, direkt an einer Dorfstraße gelegen und ausgestattet mit einem Carport für sechs Fahrzeuge. Es steht auf dem nördlichen Teil eines Grundstückes in Dornbirn, das dem Architekten Oskar Leo Kaufmann gehört, einem der vielversprechendsten Talente der jungen österreichischen Architekturszene. Ein Domizil neben dem eigenen, gebaut für einen guten Freund, der einen sowohl schicken als auch vitalen Lebensstil mit vielen Gästen liebt. Demzufolge erhielt der Bau einen großen Hobbykeller unter den Stellplätzen, dessen Decke sich analog zur abfallenden Parkfläche absenkt, sowie einen attraktiven Küchen- und Essbereich. Er nimmt das gesamte Gartengeschoss ein und wurde mit einer frei im Raum platzierten Studioküche ausgestattet.

An der Nordfront erzeugt die angeschrägte rechte Giebelseite dynamische Spannung.

Zur Straße hin zeigt das Haus eine schimmernde Metallfläche – und ein wenig Bücherregal.

Ihn erreicht man über sieben lange, sanft absteigende Stufen der Eingangstreppe, die nicht unbeabsichtigt an einen Clubzugang erinnert.

Gewöhnungsbedürftig und aufregend Dieser coole, inszenierende Stil zieht sich durch den gesamten Entwurf: Eine formal extrem reduzierte Innenarchitektur dank Fußbodenheizung und zurückhaltendem Lichtdesign, das kastenartige, sich über zwei Geschosse ausdehnende Wohnzimmer mit seinem Glaslüster, die engen Gänge, von denen der oberste eine meterlange Schrankwand sowie ein raumbreites Oberlicht erhielt. Gewöhnungsbedürftig – wenn auch nicht für den Bauherrn – sind die Bäder, die sich ohne Trennwand in die drei Schlafräume öffnen, wobei lediglich die Gästezimmer eine separierte Toilette erhielten.

Während sich das Äußere dank seiner schimmernden Metallhülle technoid und glatt gibt, dominieren Sichtbeton und große Glasflächen das Interieur. Die Fenster konzentrieren sich, mit Ausnahme weniger aber dafür umso spektakulärer gesetzter Öffnungen, auf die der Straße abgewandte Gartenfront und sind als Kipp- oder Hebeschiebeflügel konzipiert. Für starke Aus- und Durchblickeffekte sorgen das niedrige Bandfenster des nur 2 m hohen Büros im ersten Stock, die große, aus der geschlossenen Stahlwand geschnittene Glasfläche zur Straße hin oder, im Inneren, der mit einem betretbaren Gitter geschlossene Deckendurchbruch zwischen Küche und Bibliothek.

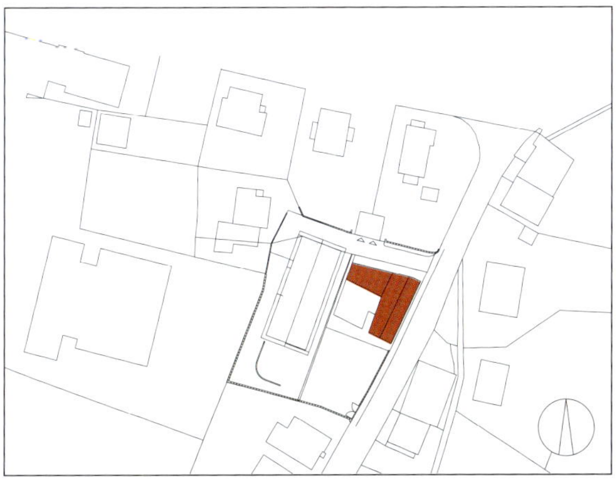

Lageplan

Für seine Wohn- und Schlafräume öffnet sich das Haus großflächig zum blickgeschützten Garten.

Die angetäuschte Großform Auch wenn das niedrige Giebeldach der örtlich vorherrschenden Hauskubatur Tribut zollt, entzieht sich der Baublock durch Materialität und abgeschrägte Wandfluchten nach Süden und Osten diesem Formdiktat erfolgreich. Der Unterstand wurde gleichsam aus dem Block geschnitten und bildet mit seinen urbanen Betonflächen und der Spotbeleuchtung gleichzeitig einen atmosphärisch einstimmenden Vorplatz. Herausragende Architektur kennzeichnet darüber hinaus aber auch ihr technischer Anspruch: Eine zentrale Wärmepumpe bewältigt die – aufgrund der temperaturempfindlichen Stahlverkleidung oder auch der verglasten Südwestseite – nicht unerheblichen Heiz- und Kühllasten problemlos. Sie wird bei Sommerhitze oder im alpinen Winter von der außen unter den Blechen angebrachten Dämmung unterstützt, die auf der vor Ort produzierten, einschaligen Sichtbetonkonstruktion des Gebäudes liegt.

Gebäudedaten

Architekten Oskar Leo Kaufmann, Albert Rüf

Bauplatz 6850 Dornbirn, Österreich

Grundstücksgröße 392 m²

Bauweise Massivbau

Planungszeitraum 2000 bis 2001

Bauzeitraum 2001 bis 2002

Anzahl der Bewohner 1

Wohnfläche 280 m²

Nutzfläche 315 m² (netto), 396 m² (brutto)

Bauvolumen 861 m³ (netto), 1411 m³ (brutto)

Baukosten k. Angaben

Links: Wie eine Glasdecke liegt das Dachfensterband über dem oberen Flur.

Rechts: Über der Küche öffnet sich die Decke zur Bibliothek.

Links: Von der höher gelegenen Eingangstür führt ein Sichtbeton-Gang zur offenen Küche.

Rechts: Das Wohnzimmer als puristischer, zweistöckiger Hallenraum.

Raumbreite Fenster dirigieren die Aussicht.

Der Hausherr genießt ein Bad im offenen Bad.

Der minimalistische, betont niedrig wirkende Büroraum zwingt zu effektiver Arbeit.

Grundrisse (1:250)

2. Obergeschoss
1 Luftraum Wohnen
2 Hauptschlafzimmer
3 Gast
4 Toilette

1. Obergeschoss
1 Büro
2 Bibliothek
3 Wohnraum

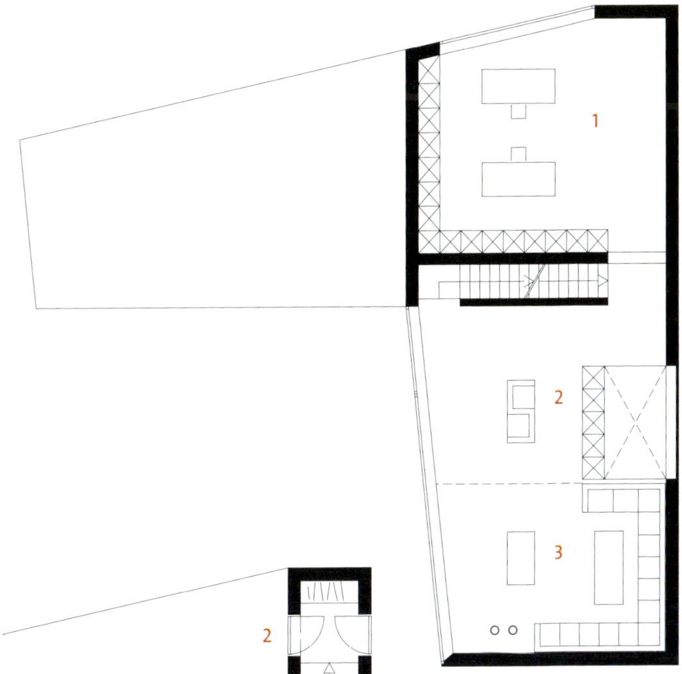

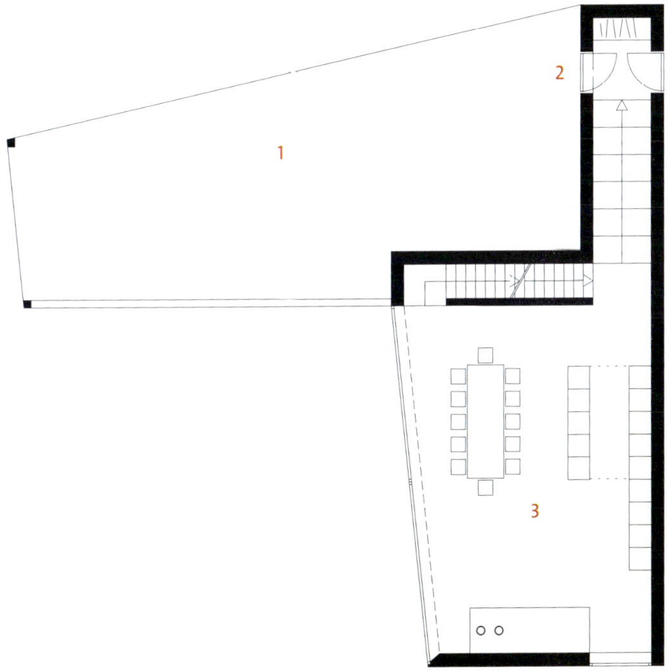

Architektur, aufgestelzt

Casa D, Hartkirchen (A)
INNOCAD, Graz (A)

Zwischen seinen Nachbarn, die sich in Stil und Ausdruck dem üblichen vorstädtischen Wohnquartier anpassen, wirkt das Einfamilienhaus der jungen Grazer Architektengemeinschaft INNOCAD erfrischend neu gedacht. Ergibt sich auch zuerst der Eindruck, es handele sich um einen gerade vom Pick-up abgesetzten Wohnmobilaufbau, der nun aufgeständert als temporäre Unterkunft dient. So erweist sich jene Assoziation des Mobilen schließlich als substanzielle Aussage. Jenes Bild des Wohnwagens sowie die erschreckend fragil wirkenden Stützen folgen einer durch das Büro vertretenen Philosophie des Prozesshaften und widersetzen sich der so selbstverständlich niedergelassenen Architektur der Nachbarschaft. Erinnert sei an Le Corbusiers revolutionäres »Haus der fünf Punkte«, denn auch dort saß das Gebäude auf einem schmalen, die Eingangstreppe samt Abstellraum aufnehmenden Sockel, neben dem die Autos unter das Erdgeschoss fahren konnten. Amüsierte man sich einst über die runden Wände des corbusianischen Badezimmers, so genießt der Bewohner der *Casa D* heute das einzigartige Vergnügen, von der Wanne durch die in einem matten Fenster ausgesparte Hausnummer in die Umgebung zu blicken. Auch Planschen ist erlaubt, da man die Wände mit einem Epoxy-Anstrich in Orange versah.

Wegen der Hochwassergefahr wurde das Haus aufgeständert.

Das gewagte Vorhangmotiv machte das Haus schnell bekannt.

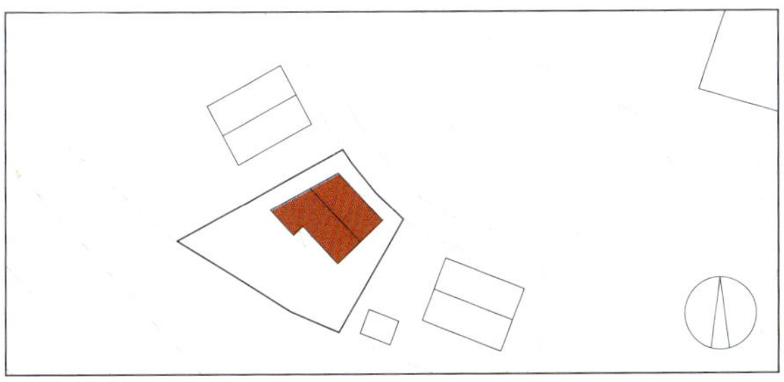

Lageplan

Zur originellen Form Abwaschbar im Sinne der Avantgarde wirkt auch das Äußere des Gebäudes, dessen Vorder- und Rückfassaden samt Dach mit rhombenförmigen Faserzement-Schindeln verkleidet sind. Im selben satten Braunton wurden auch die verputzten Seitenflächen gestrichen. Dass hier gespielt wird, ist offensichtlich – und dies auf hohem kreativen Niveau. Nicht nur das Schwebende der Außengestalt und die raumschiffartige Rampe, die den Wohnzimmerbalkon mit dem Gartengrund verbindet, verwehren sich

Die Hausnummer erscheint auf dem mattierten Badfenster. Unter dem Haus ist Platz zum Parken.

Grundrisse (1:250)

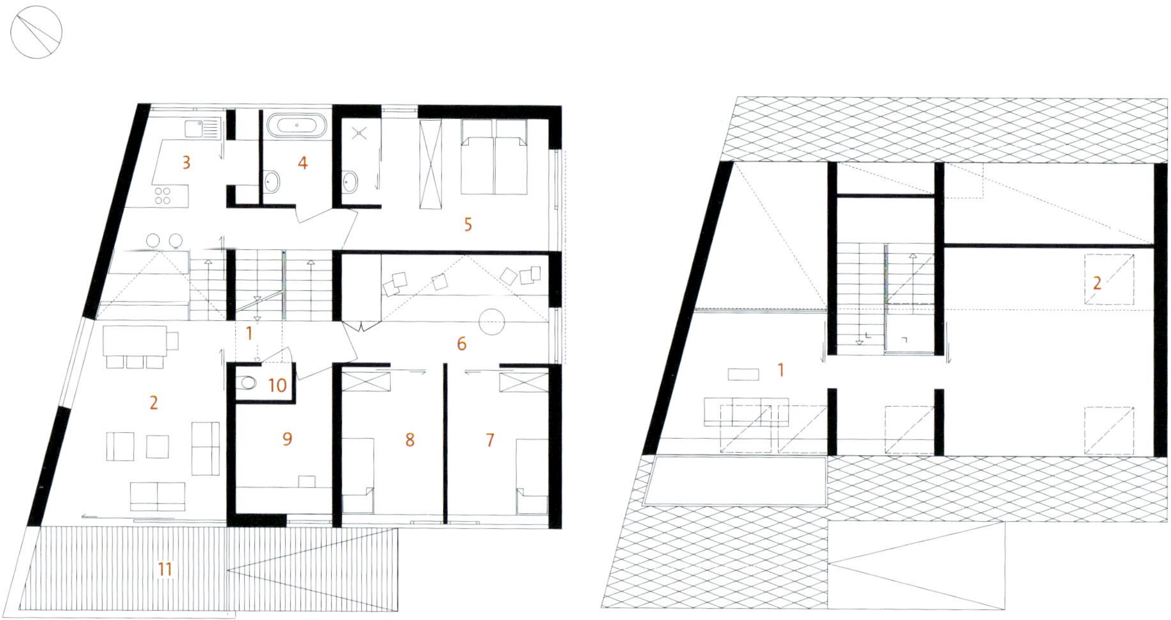

Wohngeschoss
1 Abgang Haustür
2 Wohnen/Essen
3 Küche
4 Bad
5 Elternbereich
6 Kinderbereich
7 Kind
8 Kind
9 Arbeiten
10 Toilette
11 Terrasse mit Rampe

Dachgeschoss
1 Relaxen
2 Hobby/Lager

Ein Blick hinein enthüllt die Innenorganisation mit ihren vier versetzten Ebenen.

dabei der Einordnung. Im Inneren sind vier versetzte Ebenen durch eine zentrale Treppe verbunden, was im schmalen Wohnbereich zu einer hellen Maisonettewirkung führt. Nicht nur Kindern wird der Gebrauch der raumtrennenden Schiebetüren aus semi-transparenten Doppelstegplatten Freude bereiten. Sie gehören mit ihrem Rauchglaseffekt zum Vokabular des Hauses, das sich verschmitzt demjenigen Jahrzehnt zuwendet, in welchem Architekten und Bauherren das Licht der Welt erblickten – den Siebzigern.

Gebäudedaten

Architekten Roland List, Martin Lesjak, Andreas Reiter, Peter Schwaiger, Bernd Steinhuber

Bauplatz 4081 Hartkirchen, Österreich

Grundstücksgröße 680 m²

Bauweise Massivbau in Beton und Ziegel

Planungszeitraum November 2002 bis Juni 2003

Bauzeitraum Juli 2003 bis Januar 2004

Anzahl der Bewohner 4

Wohnfläche 101,5 m²

Nutzfläche 150,3 m²

Baukosten 210 000 € (netto)

Ein Haus im aufrechten Gang

Wohnhaus Eigenmann, Rodersdorf (CH)

Gnädinger & Schmid Architekten, Winterthur (CH)

Frei auf der Wiese stehend, in Sichtbeton ausgeführt und monochrom bis zum First, kommt dieser Entwurf in idealer Weise dem Bautypus des »Monolithen« nahe. Das zweistöckige Giebelhaus des jungen Schweizer Architekten Dominic Schmid und seines früh verstorbenen Studienfreundes Martin Gnädinger genießt seine Distanz zum wild wuchernden Gras und demonstriert mit dem unverkleideten Baukörper, auf dessen Außenfläche die Schalungsbretter eine technisch selbstbewusste Rasterung hinterließen, was Architektur heißt: ein stabiler Hauskasten mit klaren Giebeln, von selbstverständlicher Funktionalität und starker Aussage. Vielleicht entschied man sich unwillkürlich dafür, um sich sowohl in der lieblichen Landschaft als auch in der komplexen geopolitischen Position zu behaupten: Der Bauplatz im Leymental unweit von Basel liegt

Das graue Dach unterstützt die beeindruckende monolithische Außenwirkung.

Zur Landschaft hin dominieren große Fenstermodule.

in einem Gebiet des Kantons Solothurn, das auf drei Seiten an Frankreich grenzt. Und auf dessen Baukultur bezogen sich die Architekten mit ihrem Konzept, sympathisierend mit den westfranzösischen Landhäusern aus schlicht gefügtem Bruchstein und ohne Dachüberstand.

Zwei Baukörper mit Terrasse Nach Frankreich richtet sich auch die Gartenseite mit ihrer lang gestreckten Terrasse aus Zementplatten. Sie ist als eigenständig definierte Fläche dem Hauskörper elementar beigeordnet. Gleiches gilt für das nordöstliche Vordach mit der im leichten Winkel separierten Garage. Hier versuchte man erfolgreich, eine kleine Hofsituation anzudeuten, um durch die Konfiguration zweier Komponenten das in sich geschlossene Gefühl eines »Anwesens« zu erzeugen. Das Wohnhaus zeichnet sich durch seine ästhetisch anspruchsvolle Konsequenz aus, wobei das glatte, aus vorgefertigten zweischaligen Betonelementen gefügte Dach zur minimalistischen Wirkung maßgeblich beiträgt. Diesen Eindruck verstärken die auf die Betonoberflächen, insbesondere der Nordfassade, applizierten Metallelemente des Kaminrohrs und der Regenrinnen. Die großzügig eingeschnittenen, zumeist quadratischen, bodentiefen Fenster mildern den rigiden, materialästhetischen Anspruch und die blockhafte Erscheinung durch ihre Ausführung in farblos lasiertem Hemlock-Holz sowie die eleganten Proportionen. Zudem weisen sie bereits auf das angenehm lichte Interieur hin, das sich das Bauherren-Paar gewünscht hatte.

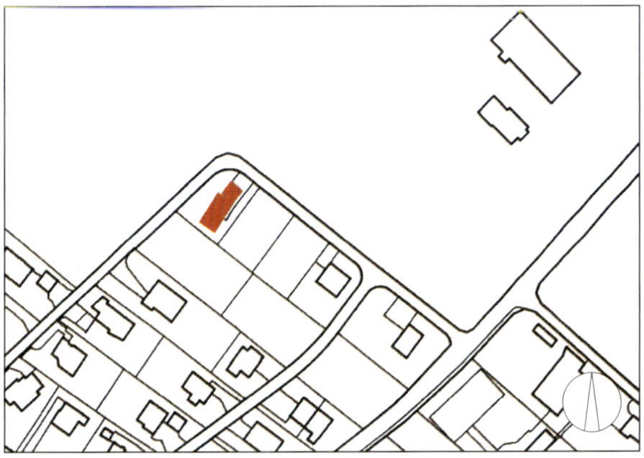

Lageplan

Drei großzügige Wohngeschosse Erschlossen von einer im Halbrund geführten und zentral platzierten Betontreppe erlauben drei Wohngeschosse eine kom-

Die einzelnen Stockwerke sind im Prinzip als ungeteilte Raumsphären konzipiert.

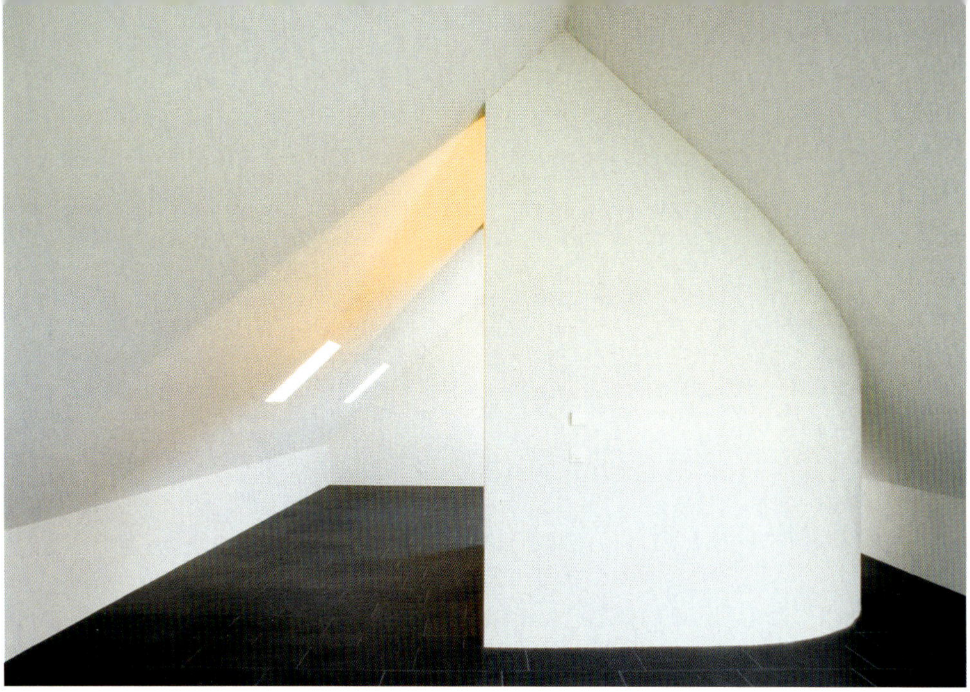

Im Halbrund, das jeweils die Mitte des Geschosses einnimmt, befindet sich die Treppe.

Weiße Wände und dunkler Schieferboden bilden einen starken Kontrast.

Grundrisse (1:250)

Erdgeschoss
1 Eingang
2 Toilette
3 Küche
4 Essen
5 Wohnen
6 Garage
7 Terrasse

Obergeschoss
1 Toilette
2 Bad
3 Schlafen
4 Ankleide

Dachgeschoss
1 Korridor
2 Naßbereich
3 Zimmer
4 Toilette

fortable Nutzung. Die Materialien der innen gedämmten, in weißem Gipsglattstrich ausgeführten Wände, der Böden aus dunklem brasilianischen Schiefer und die warmen Holzrahmen der Fenster sind Mitspieler in einem ebenso harmonischen wie attraktiven Trio. Das Erdgeschoss präsentiert sich mit drei Schiebetüren als reizvolles Wohnkontinuum. Ähnlich flexibel wurden auch die darüber liegenden Geschosse angelegt. Der erste Stock verfügt über ein großes Bad und zwei ineinander übergehende Schlafzimmer sowie eine Ankleide. Das Dachgeschoss nimmt je nach Vorliebe einen Arbeitsplatz in seinen durch fünf Dachflächenfenster erhellten Großraum auf oder ist als Gästeappartement zu nutzen.

Gebäudedaten

Architekten Martin Gnädinger, Dominic Schmid

Bauplatz 4118 Rodersdorf, Kanton Solothurn

Grundstücksgröße 533 m²

Bauweise Massivbau

Planungszeitraum Frühling 2000 bis Februar 2001

Bauzeitraum Februar bis Oktober 2001

Anzahl der Bewohner 2

Wohnfläche 258 m²

Nutzfläche 373 m²

Baukosten 420 000 €

Querschnitt

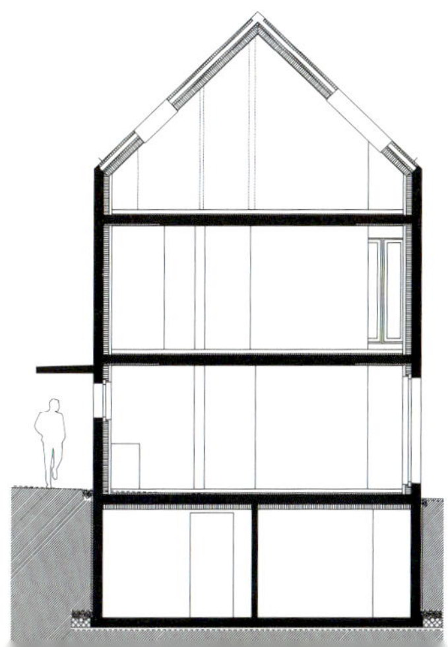

Signal im Weinberg

Haus Walther, Malans (CH)

Bearth + Deplazes Architekten AG, Chur (CH)

Vom höher gelegenen, eigenen Weinberg aus betrachtet, wirkt das Haus wie ein Monopoly-Steinchen. Wäre da nicht die über der Dachschräge aufragende große Lukarne und eine seitlich angesetzte Doppelgarage – die Giebelsilhouette und das strahlende Rot erinnerten unbedingt an das Hotel-Klötzchen aus der Urversion des weltberühmten Gesellschaftsspiels. Dass es sich bei der klischeehaft spitzen Satteldachform und der den gesamten Baukörper umschließenden Verkleidung aus Faserzement-Wellplatten um die Pointierung des kleinen Wohnhauses handelt, wird durch jene Signalfarbe effektvoll unterstützt. Die Graubündner Architekten, für deren Arbeiten Andrea Deplazes einmal die treffende Bezeichnung »Räumlinge« gefunden hat, sind Meister

Die linke Flanke des Baukörpers wirkt wie angeschnitten.

Vom Hang aus zeigt sich der Giebel in nahezu geschlossener Kontur – anders auf der Talseite.

in der Ausbildung ebenso schlichter wie ausdrucksstarker Gebäudefassungen – man denke beispielsweise an die älteren Arbeiten des Büros, das *Holzhaus Willimann-Lötscher* und das *Betonhaus* in Fläsch. Sie leisteten auch bei diesem Projekt mit einer hyperexakten Hülle samt integrierter Regenrinne und genauest aufgesetzter Dachbelegung Vorbildliches. Die Fassade gliedert ihre Fläche durch eine dezente horizontale Lineatur, die sich aus den bis zu sechs Höhenschichten der auf einer Traglattung verlegten Eternit-Platten ergibt. Schwarz gerahmt sitzen die sprossenlosen Fenster deutlich eingetieft. Neben den unterschiedlich dimensionierten größeren Öffnungen wurde sonst für die Seitenflächen ein einheitlicher quadratischer Typ gewählt.

Lageplan

Dekonstruierte Außenform – komplexer Innenraum

Da leicht am Hang gelegen, organisiert sich der schmale Hauskörper im idealen Split-Level-System auf acht Stockwerken, wobei der Essbereich mit offener Küche eine Geschosshöhe über dem Garten zu liegen kommt. Die darüber auf zwei Ebenen sehr großzügig angelegte Wohnzone bietet einen weiten Blick ins Sarganser Rheintal und eine Loggia mit Glasbrüstung.

Was diesen Entwurf jedoch unter seinen Zeitgenossen besonders heraushebt, ist der gleichsam dekonstruktive Umgang mit der Stereometrie des Konturhauses. An erster Stelle stand dabei die plastische Deformation des konventionell orthogonal angelegten Hauskastens durch die Verschiebung der Außenwände aus dem rechten Winkel. Dies bewirkt eine derart starke Verringerung der Breite der talseitigen Südfassade, dass aufgrund der Beibehaltung der ohnehin schon leicht asymmetrisch gesetzten Firstlinie sowie

Der Arbeitsplatz liegt auf der höchsten Ebene der sechs Niveaus.

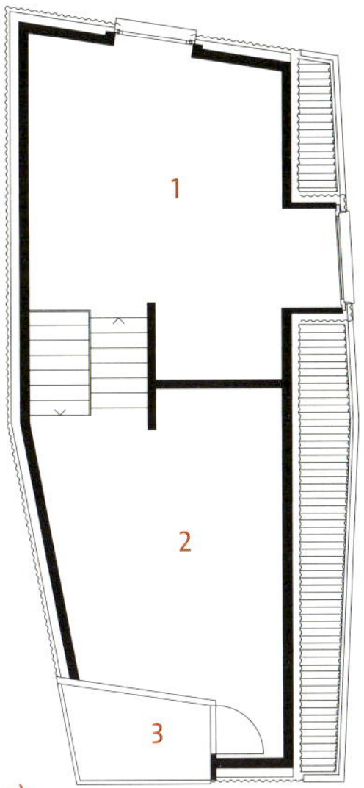

Dachgeschoss
1 Arbeit
2 Wohnen
3 Balkon

Grundrisse (1:250)

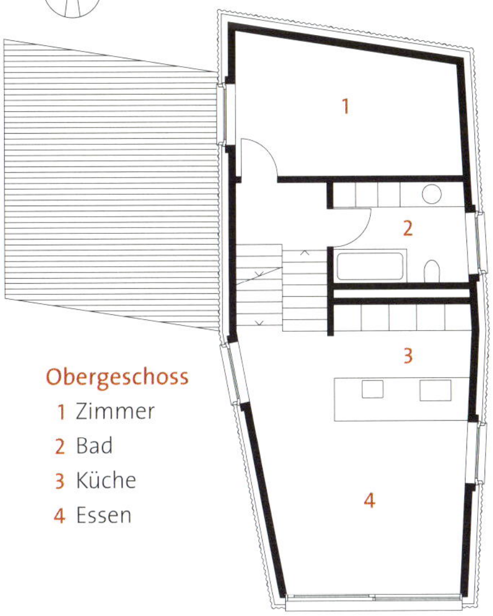

Obergeschoss
1 Zimmer
2 Bad
3 Küche
4 Essen

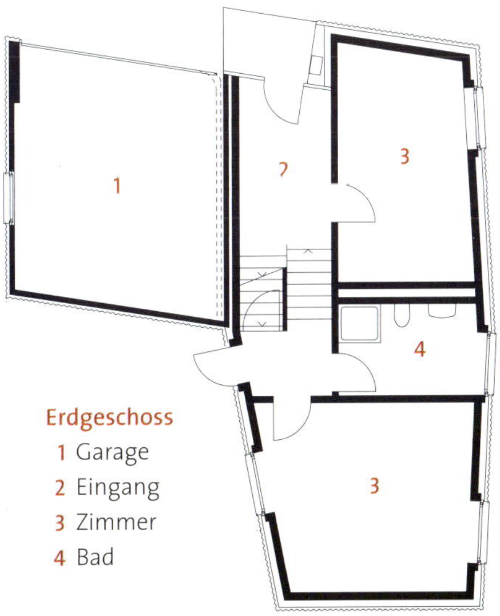

Erdgeschoss
1 Garage
2 Eingang
3 Zimmer
4 Bad

Die Wohnebenen im Firstraum münden in eine Loggia mit Talblick.

der Dachflächen ein Drittel der Giebelseite fehlt. Den maßgeblichen Eingriff in das intakte »Bild vom Haus« unternehmen aber zwei skalpellscharfe Einschnitte in den roten Eternit-Block, deren erster den Vorplatz der Haustür ausbildet – die Schnittlinie setzt sich zur Freilegung der Garageneinfahrt in den Anbau fort. Die zweite Öffnung ermöglicht die Anlage der Loggia des Wohnraums. Ästhetisch reizvoll hebt der Anstrich dieser beiden Bereiche in hellem Silberweiß jene »Verletzung« der Gebäudehaut hervor. Er findet sich konsequenterweise auch auf dem Garagentor und bei den großen Markisen auf der Talseite.

Gebäudedaten

Architekten Valentin Bearth, Andrea Deplazes, Daniel Ladner, *Mitarbeit:* Marlene Wallimann

Bauplatz 7208 Malans, Graubünden, Schweiz

Grundstücksgröße 545 m²

Bauweise Massivbau

Planungszeitraum September 2001 bis Oktober 2002

Bauzeitraum Juni bis Oktober 2002

Anzahl der Bewohner 4

Wohnfläche 197 m²

Nutzfläche 197 m²

Baukosten 452 000 €

Eleganz nach Basler Art

Haus Portmann-Brodbeck, Münchenstein (CH)
Steinmann & Schmid Architekten AG BSA SIA, Basel (CH)

Nach Basel-Münchenstein kommen in den letzten Jahren immer mehr internationale Besucher, die der Anziehungskraft des neuen Museums *Schaulager* folgen. In unmittelbarer Nähe des sehr heterogenen Quartiers aus Gleisanlagen, Handel und Industrie befinden sich aber auch ältere und neue Wohngebiete. Dort errichteten die örtlichen Architekten Peter Steinmann und Herbert Schmid auf einer lang gezogenen Parzelle ein Doppelhaus, dessen herausragende ästhetische Durcharbeitung auch den eiligen Passanten zur näheren Betrachtung auffordert.

Höfliche Rücksicht auf die Nachbarn Innerhalb der unauffälligen Siedlung aus den 1950er-Jahren fügt sich der gestreckte Baukörper trotz seiner langen hellbraunen Putzwände und der auffallenden, weiß gerahmten

Gegenüber den Nachbarn demonstriert der Neubau formale Reduktion.

Das Rankgitter auf der Doppelgarage soll später durch Begrünung Sichtschutz bieten.

und bündig eingefügten Fenster zurückhaltend ein, wendet er doch der Straße nur seinen kleinen, betont schlichten Giebel und eine Doppelgarage zu.

Das in einen Metallrahmen gefasste und mit horizontal verlegten Kupferblechbahnen verkleidete Dach zeigt lediglich eine kleine Tropfkante über der Fassade und unterstützt den formal auf das Volumetrische reduzierten Charakter des Entwurfs. Alle Anbauten, seien es die Garage mit einer Dachterrasse für die Abendsonne oder die kleinen Winkeldächer der Eingänge, sind in Sichtbeton gegossen und irritieren durch ihre differierende Materialität die Geschlossenheit des Gebäudes nicht. In wenigen Jahren wird der Vorbau zudem von Pflanzen überrankt sein und wie ein grüner Würfel vor dem Hausriegel sitzen. Die überzeugende Konsequenz der Außengestaltung bestätigt die Behandlung der Öffnungen: Mit Ausnahme der Schlitzfenster auf Nord- und Ostseite wurden sämtliche Türen und Fensterflügel der Fassaden, die sich zur Erschließung oder Lüftung aufklappen lassen, als Holzflächen ausgeführt. Glas wird somit zu einem bewusst als transparent erlebten Wandelement.

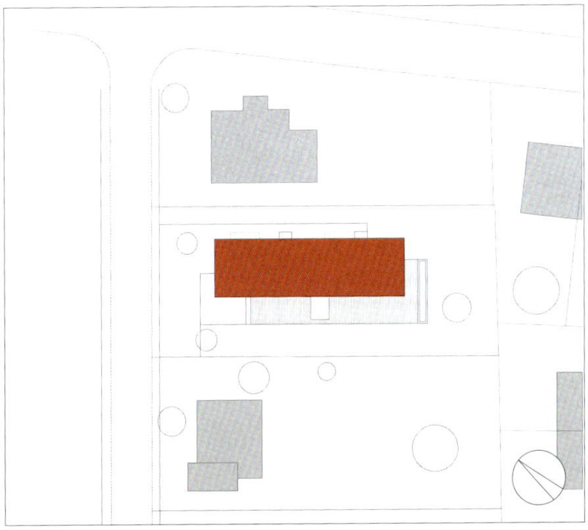

Lageplan

Ausbau und Erschließung des Daches Auf vergleichbar differenzierte Weise verfahren die Architekten in der Dachzone, die am gartenseitigen Ende des Baukörpers einen faszinierenden Galerieraum ausbildet. Hier erlaubt ein hochrechteckiges und dezent aus der Mittellinie des Giebels geschobenes großes Fenster den Blick auf die dicht begrünte Siedlung. Gleichzeitig führen drei der sieben in einer Reihe gesetzten

Das nach außen geschlossen wirkende Doppelhaus entwickelt im Inneren beeindruckende Raumsphären, ein Fensterband in der unteren Dachfläche beleuchtet sie.

Dachflächenfenster der Südseite Arbeitslicht zu. Und auf der anderen Flanke präsentiert sich der Clou des Lichtprogramms auf Augenhöhe: ein direkt am Dachansatz eingefügtes, fast über die gesamte Hauslänge gezogenes Oberlichtband, dessen opake Scheiben die darunter angeordnete Erschließung mit Oberlicht von musealer Qualität versorgen. Ohnehin nimmt diese, allein der größeren der beiden Wohnungen vorbehaltene Raumschöpfung in der Abfolge von Treppenzügen, weißen Brüstungen und dem tiefen Balkon der Galerie im privaten Wohnbau eine wohl einzigartige Position ein. Die schlicht funktionale Gliederung der Stockwerke mit Wohn- und Schlafräumen auf der Süd- sowie den Nassräumen, Treppen und einer Küche auf der schmaler dimensionierten Nordseite findet sich auch in der kleineren, zur Straße hin orientierten Wohnung.

Dachgeschoss
1 Luftraum
2 Bad
3 Galerie
4 Zimmer

Obergeschoss
1 Luftraum
2 Bad
3 Wohnen
4 Zimmer
5 Balkon

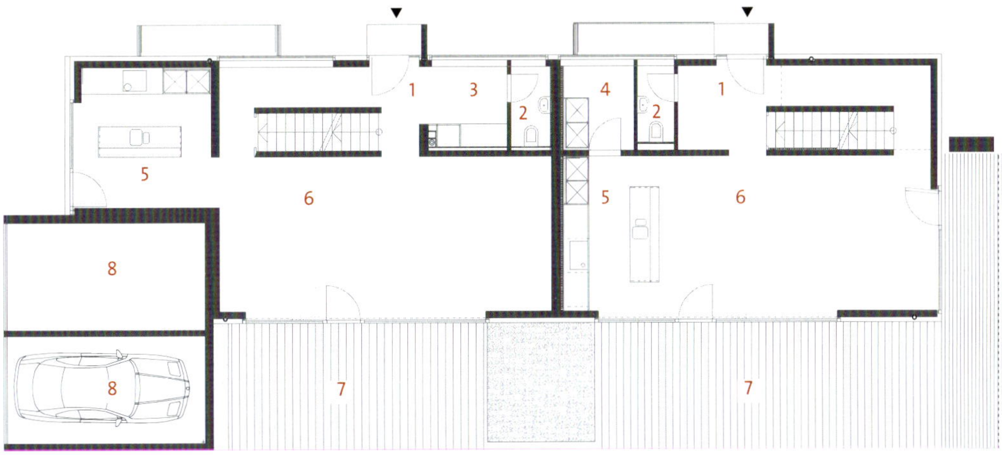

Erdgeschoss
1 Eingang
2 Toilette
3 Garderobe
4 Hauswirt-
schaftsraum
5 Küche
6 Wohnen/Essen
7 Terrasse
8 Garagen

Grundrisse (1:250)

Gebäudedaten

Architekten Peter Steinmann, Herbert Schmid, *Mitarbeit:* Thomas Güntensperger

Bauplatz 4142 Münchenstein, Schweiz

Grundstücksgröße 801 m²

Bauweise Massivbau

Planungszeitraum Juli bis Dezember 2000

Bauzeitraum 2001

Anzahl der Bewohner 6

Wohnfläche 331 m²

Nutzfläche 496 m²

Baukosten k. Angaben

Des Fischers Freund

Ferienhaus, Kesswil (CH)
Zech Architektur, Romanshorn (CH)

Die Lage des Grundstücks am südlichen Bodenseeufer bedingt eine Sonnenterrasse ohne Uferblick.

Fisherman's Friend nennt man es, das kleine, nur durch einen schmalen Weg vom Bodenseeufer getrennte Ferienhaus, und bezieht sich – mit einem humorvollen Appell an die Bauherren – damit auf seine ganze Erscheinung. Neben der augenfälligen Anlehnung an ortsspezifische Bade- und Bootshäuser fühlt man sich an beschauliche nordamerikanische Hafenstädte erinnert, wozu sowohl die an Lagerbauten gemahnende bescheidene Silhouette als auch die eng gefügte, effektiv hinterlüftete Haut von grauen Schindeln aus vorpatiniertem Titanzink beitragen. Letztere sitzen auf einer Holzlattung und überziehen wie Schuppen auch das

Durch das große Esszimmerfenster wendet sich das kleine Haus dem See zu.

Dach. Die präzise Kontur wird lediglich an den Seiten von aufgesetzten Regenrinnen unterbrochen. Natürlich war man den Kesswiler Bauvorschriften unterworfen: 25 m Uferschutzzone, Satteldach, geringe Ausnutzungsziffer sowie der Verzicht auf ein Kellergeschoss. Der Architekt nutzte dies für ein intelligentes Formkonzept, dessen Rhetorik mit der pointiert klischeehaften Hausgestalt, dem All-over der Metallverkleidung sowie den überproportionierten Fenstern an Robert Venturis Arbeiten denken lässt.

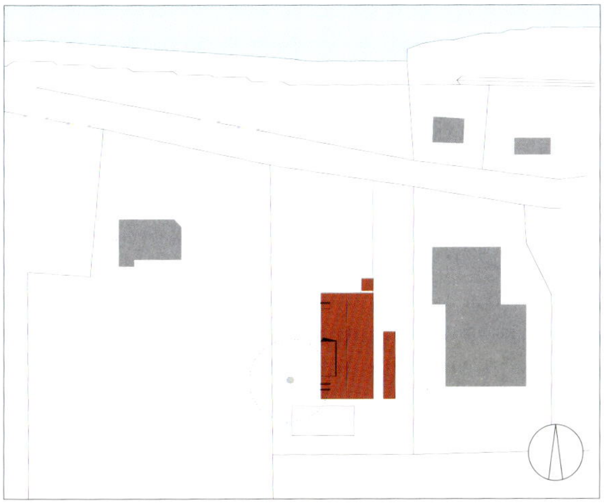

Lageplan

Betonstufen führen ins Innere Das Erdgeschoss ist zum Schutz vor Hochwasser erhöht, das am südlichen Bodenseeufer zwischen Kreuzlingen und Romanshorn nie absolut auszuschließen ist. Konsequenz aus dieser Aufsockelung sind mehrere isoliert vor den Baukörper gestellte Betonstufen, über die man an fünf Stellen gleichsam bewusst in das Haus tritt. Der hier bereits spürbare funktionalistische Anspruch des Entwurfs zeigt sich auch an der seitlichen Beiordnung eines kastenförmigen Schuppens, der sich in gleicher Zinkhülle an der Flanke erstreckt und eine schmale Gasse ausbildet. In ihm wurden geschützte Lager- und Unterstellbereiche eingerichtet, die mit den direkt vis à vis im Haus befindlichen Diensträumen korrespondieren. Der Grundriss platziert an dieser Ostseite eine Reihe von Funktionszonen – Haustechnik, Waschküche, Speisekammer, Toilette und Garderobe sowie den Eingang –, während der restliche Raum einem ungeteilten Wohnbereich zur Verfügung steht, der sich mit integrierter Veranda dem Ort im Süden und mit einem großen Schiebefenster dem See im Norden zuwendet. Seine Doppelnutzung indizieren zwei bodenfeste Installationen: die Küchentheke in versiegeltem Sichtbeton und MDF natur sowie ein großer, schweizerisch »Cheminée« genannter Kaminblock, in den nachhaltig wärmende Luftrohre eingelassen wurden.

Durch ausdrucks-
starke Gestaltung
entstehen
atmosphärische
Wohnzonen.

Verzicht auf unruhige Gestaltung Nach oben führt eine von der Wand abgesetzte geländerlose Treppe, die wie der Erdgeschossboden ihre Materialität aus Ortbeton nicht verhehlt. Auf jener sichtbaren Grundplatte sitzt nachvollziehbar der gesamte Hausaufbau als Holzständerkonstruktion mit vorgefertigten Wandelementen, die im Inneren schlicht vergipst wurden. Dies kommt dem angenehm leichten Charakter der Architektur zugute, die darüber hinaus vom durchaus asketischen Verzicht der Bauherren auf unruhige Ausstattung und insbesondere Schränke profitiert. Als Ersatz gesellen sich den im Obergeschoss untergebrachten drei Schlafzimmern Abstellräume bei.

Schmuckstück im Dachgeschoss Das Dach besitzt trotz seiner homogenen Verbindung mit dem Wohngeschoss einen eigenen Charakter. Es verfügt über zwei zueinander verschobene und wie die gesamte Dachhaut zinkbeschindelte Kästen, deren einer die Fenster für ein Schlafzimmer und eines der Bäder aufnimmt. Der andere ist als reine Oberlichtbox ausgeführt und belichtet das aufregendste Zimmer des mit Linoleum ausgelegten Geschosses. In diesem großen Bad, das gleichzeitig als Durchgangsraum zum Hauptschlafzimmer dient, steht eine skulptural geschwungene Wanne des Designers Giampaolo Benedini, von der es sich einerseits über das Oberlicht in den Himmel, andererseits quer durch das Schlafzimmer auch zum nahe gelegenen See blicken lässt.

Grundrisse (1:250)

Erdgeschoss
1 Eingang
2 Garderobe
3 Toilette
4 Speisekammer
5 Waschküche
6 Haustechnik
7 Küche/Essen
8 Wohnen
9 Veranda
10 Schuppen

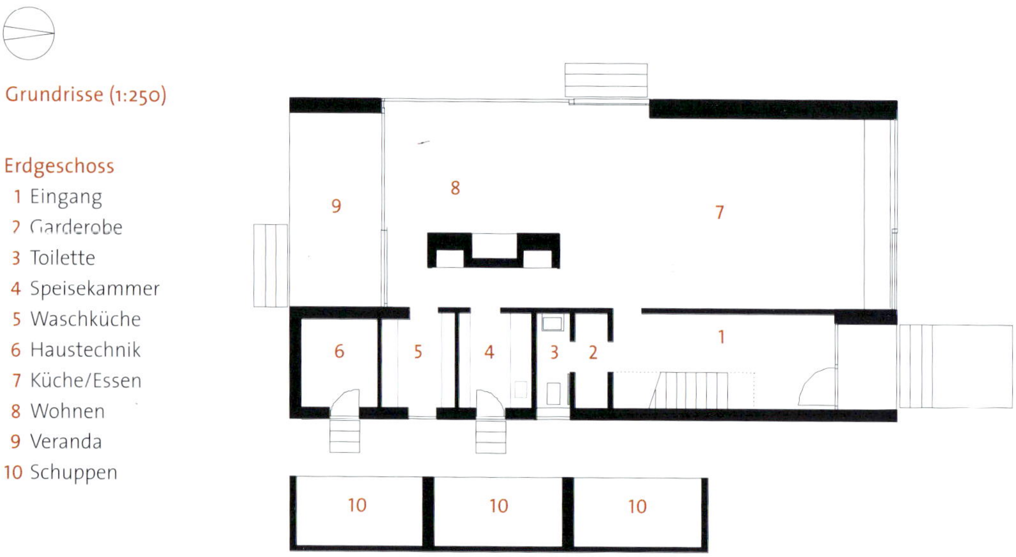

Das Flächenspiel der Schindelverkleidung besitzt eigene Reize.

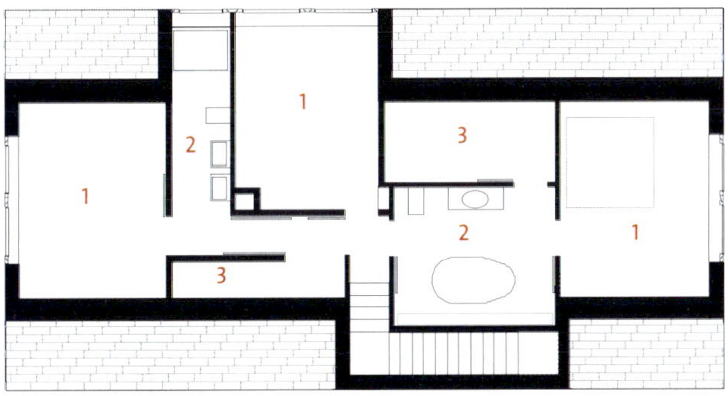

Dachgeschoss
1 Schlafen
2 Bad
3 Abstellraum/Schrankkammer

Gebäudedaten

Architekt Andreas Zech

Bauplatz 8593 Kesswil, Schweiz

Grundstücksgröße ca. 1000 m²

Bauweise Holzständerbau mit vorgefertigten Wandelementen

Planungszeitraum 2001

Bauzeitraum 2002

Anzahl der Bewohner 2

Wohnfläche 160 m²

Nutzfläche 160 m²

Baukosten k. Angaben

Ein subtiler Monolith

Haus Gartmann, Sargans (CH)

Aschwanden Schürer Architekten AG, Zürich (CH)

Durch faszinierende Form- und Materialqualität wird das Haus zur Skulptur.

Wie ein Fels aus Sichtbeton sitzt es in der Wiese, oberhalb des sich spektakulär öffnenden Rheintales bei Sargans. Massiv und schwer wirkt dieses knapp dimensionierte Einfamilienhaus am Ende einer schmalen und steilen Treppenstaffel, mit dem die Züricher Architekten Theres Aschwanden und Daniel Schürer in ihrer St. Galler Heimat beauftragt wurden. Die blockhafte Wirkung wird zum einen unterstützt vom puren Beton der Außenwandung, zum anderen von den Eintiefungen der Fenster und Terrasse, die aus der schieren Baumasse geschnitten zu sein scheinen. Das asymmetrisch schräge Betondach erhielt einen dreischichtigen Aufbau aus geschiefertem Bitumen und Magerbeton. Regen und Schmelzwasser laufen in einer talseitig integrierten Rinne ab.

Die changierende Großform Eine Festlegung auf die Basisform der Figur fällt dem Betrachter nicht leicht. Es könnte sich um die gleichsam seitlich abgerutschte Version eines Giebelhauses oder auch um einen Kubus handeln, der an einer Hausecke verschoben und zugleich mit seiner Oberseite schräg nach unten ge-

Das aus der Schräge geschnittene Küchenfenster wirkt futuristisch.

drückt wurde. Die Form des Haus stellt wohl eine der gelungensten Reaktionen auf das gesetzlich geforderte Schrägdach und das Verlangen der Bauherren nach einem puristischen Quaderhaus dar. Zumal sie darüber hinaus genial auf die spezifischen Gegebenheiten des Bauens im Alpenraum eingeht. Nahezu gestisch stemmt sich die Bergflanke im steilen Terrain gegen virtuelle Lawinen, die Fenster zu Schlitzen zusammengezogen: Unten belichtet ein um die Ecke gezogenes Bandfenster die sehr schmale Küche im Hauptgeschoss. Den unbehandelten Außenbeton werden Zeit und Witterung peu à peu dem umgebenden Berggestein anverwandeln.

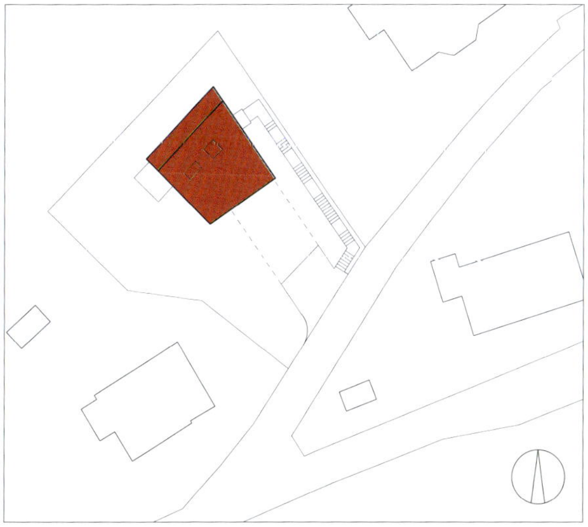

Lageplan

Anlage und Erschließung Jenes Spiel mit Fenstergrößen, das sich über den gesamten Baukörper nachvollziehen und die Wohnebenen an großen, die Nebenräume an extrem kleinen Formaten auch von außen erkennen lässt, unterstützt im Übrigen den suggestiven, fast felshaft organischen Effekt des Äußeren. Raffiniert gelöst wurde dabei die Belichtung des fensterlosen Bades im Kellergeschoss, das indirekt durch einen Lichtschacht von der Veranda aus versorgt wird. Schlüssig verhalten sich auch die Erschließungsbereiche: Der Eingang stülpt sich mit einem schützenden Kasten nach außen, die

Vom Tal aus erscheint das Haus wie ein kubischer Würfel.

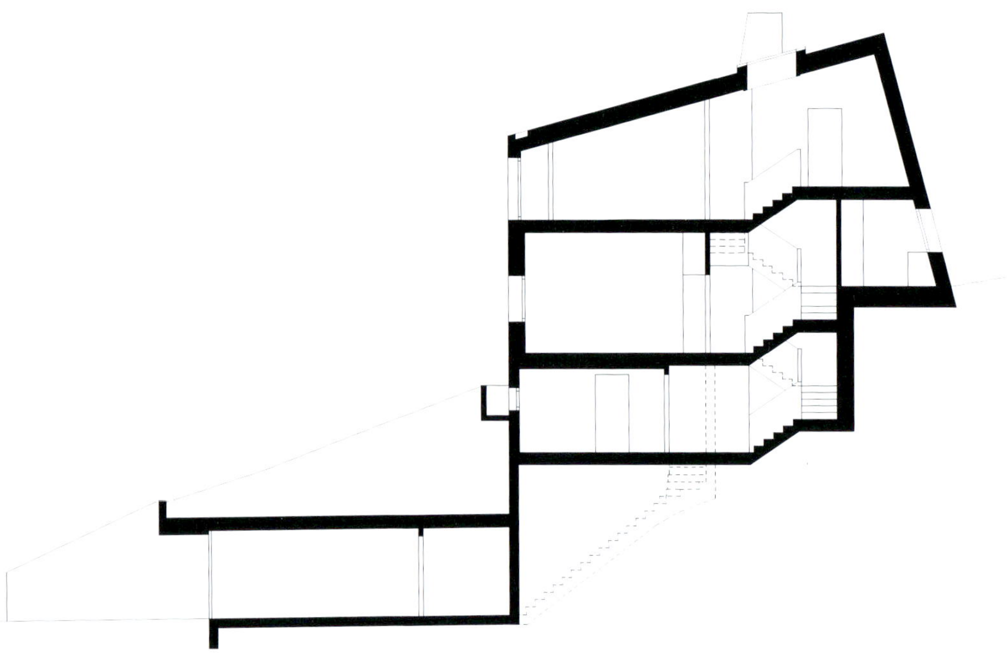

Querschnitt

Die harmonische Ruhe der Außengestalt bestimmt auch die Innenräume.

Die Treppenanlage im Kern des Gebäudes feiert den puren Beton.

Jeder Treppenabsatz erschließt eine Geschossebene.

Veranda bietet als in den Bau hineingezogenes Volumen einen windarmen Rückzugsraum in der Sonne und schiebt eine schwere Betonscheibe als Terrasse in die Wiese vor. Die nur leicht aus der Hausmitte versetzte quadratische Treppenspindel im Inneren ist betonsichtig wie der Außenbau und wird durch ein Oberlicht illuminiert. An ihr lässt sich die komplexe Abfolge der Niveaus ablesen, von denen das unterste – eine Doppelgarage – im Hang steckt und mittels einer langen Stiege erst in das eigentliche Haus führt. Es folgt das Kellergeschoss und darauf sechs, jeweils um fünf Stufen kreisförmig versetzte Ebenen, auf denen sich Schlafzimmer, Bäder und die offenen Ess- und Wohnbereiche samt Galerie anordnen.

Gebäudedaten

Architekten Theres Aschwanden, Daniel Schürer, *Mitarbeit:* Stephan Bohrer, *Bauleitung:* Benno John, Bad Ragaz

Bauplatz 7320 Sargans, Schweiz

Grundstücksgröße 706 m²

Bauweise Massivbau

Planungszeitraum Januar 2001 bis Oktober 2002

Bauzeitraum November 2002 bis Oktober 2003

Anzahl der Bewohner 4

Wohnfläche 161,4 m²

Nutzfläche 265,4 m²

Baukosten 710 000 €

Grundrisse (1:200)

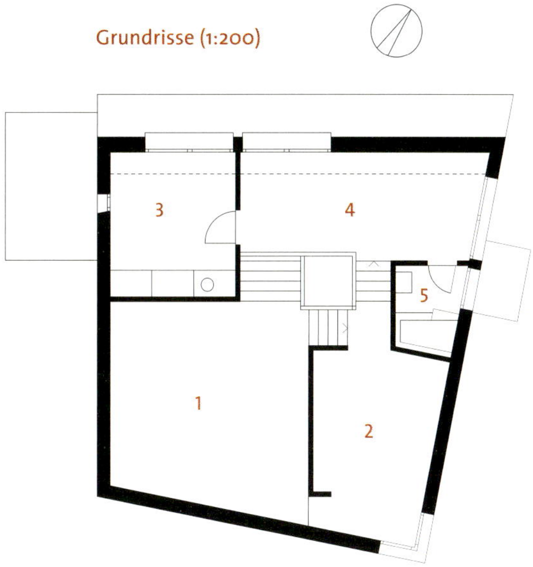

Galeriegeschoss
1 Luftraum Wohnen
2 Fernsehen
3 Gast
4 Arbeiten
5 Bad

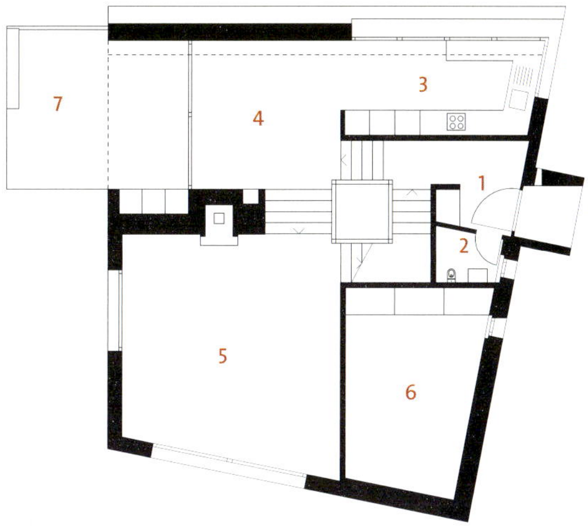

Wohngeschoss
1 Eingang
2 Toilette
3 Küche
4 Essen
5 Wohnen
6 Luftraum Eltern
7 Terrasse

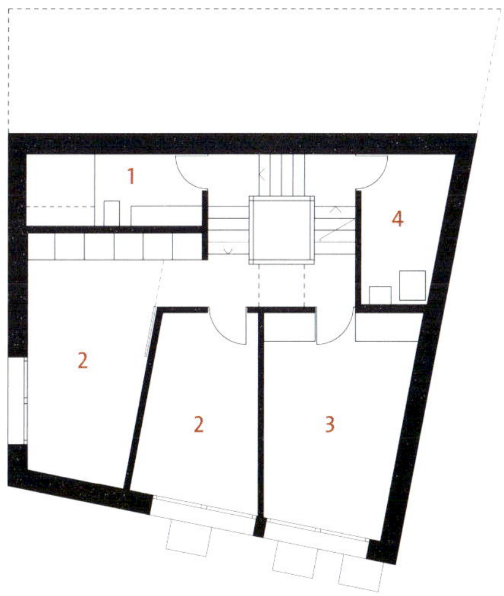

Schlafgeschoss
1 Bad
2 Kind
3 Eltern
4 Waschküche

Garantiert verkupfert

Haus Faraday, Bern (CH)
thomas jomini & associates architecture workshop, Bern (CH) /
jomini zimmermann architekten eth sia, Burgdorf (CH)

Kupfer gehörte einst zu den teuersten Baustoffen, und so mancher barocke Turmhelm schmückt sich mit einer Haube aus dem biegsamen Metall. Als besonderer Reiz dieses Materials gilt seine farbliche Verwandlung, die durch Oxidation allmählich ihren goldroten Glanz gegen ein sattes Braun eintauscht und sich dann mit Glück nach 20 bis 30 Jahren in das berühmte Grün färbt.

Das baufrische Haus im noch glänzenden Kupfer.

Dass sich die Architekten bei jenem Zweifamilienhaus, das sie im Berner Lorrainquartier planten, für eine Umhüllung aus Kupferwellblech entschieden, ist sicher nicht unwesentlich der noblen Reputation des Werkstoffes zu verdanken. Zudem war es unumgänglich, in diesem sehr heterogen bebauten Viertel – positioniert zwischen älteren Holzlauben und unscheinbaren Mietshäusern, am Hang unterhalb einer Eisenbahnbrücke – ästhetischen Anspruch zu zeigen. Dieser wird eingelöst durch den formalen Widerspruch zwischen materialer Kostbarkeit und der an Nutzbauten erinnernden Wellmetallverkleidung. Die für den Ort vorgeschriebene Satteldachform steigert diesen Effekt.

Das Formmotiv des Hauses In herausragender Detaillierung wurden die Kupferbleche angepasst, ziehen sich um die abgerundeten Ecken und schmiegen sich exakt an glatte Flächen wie Fensterbretter oder die abschließende Dachleiste. Aufnahmefähige Regenrinnen wurden unauffällig in die steile Dachfläche integriert, die nur durch zwei riesenhafte Lukarnen unterbrochen wird. Das garantiert der Silhouette Unverwechselbarkeit und belichtet das Kniestockgeschoss mit seinem offenen Dachraum. Dieser wird ganz vom Wohnbereich der oberen Wohnung mit einzigartigem Blick auf das Flusstal eingenommen. Er verfügt genau gegenüber einem Lukarnenfenster über eine originelle Empore, die sich aus der schrägen Wandfläche klappen lässt und als Gästelager benutzt werden kann. In Anspielung auf den englischen Physiker nannte man das Projekt *Haus Faraday* – der sprichwörtliche »Faraday'sche Käfig« soll vor dem Strom der Oberleitung und des gegenüber liegenden Umspannwerks schützen.

Schönes muss nicht teuer sein Man könnte hier von bloßer Exzentrik sprechen, würde sich das Konzept darin erschöpfen. Den damals noch gemeinsam agierenden Büros Jomini Zimmermann Architekten und Thomas Jomini Architecture Workshop gelang jedoch nicht

Beeindruckende Silhouette und kreative Kombination der Baustoffe.

Lageplan

nur eine angesichts Schweizer Verhältnisse erstaunliche Kostendeckung, sie verwirklichten zudem auch noch ein ihrer ökologischen Grundhaltung entsprechendes Minergiehaus: Die Heizung verfügt über eine Erdsonde, die gute Isolierung sowie die kontrollierte Lüftung optimieren die Ausnutzung vorhandener Energie. Darüber hinaus entstanden zwei attraktive Wohnungen mit großzügigen Wohn- und Essgeschossen. Während die unteren Nutzer direkten Gartenzugang haben, steigen die oberen über eine regional typische Außentreppe erst in das Obergeschoss und dann nochmals weiter bis in den Giebelraum. Ihre Bäder sind mit den Waschbecken und Wannen offen an die zwei Schlafzimmer angeschlossen, leichte Schiebewände ermöglichen Diskretion.

Grundrisse (1:300)

Dachgeschoss

1 Abgang zum Schlafgeschoss
2 Wohnen
3 Küche
4 Essen
5 Balkon

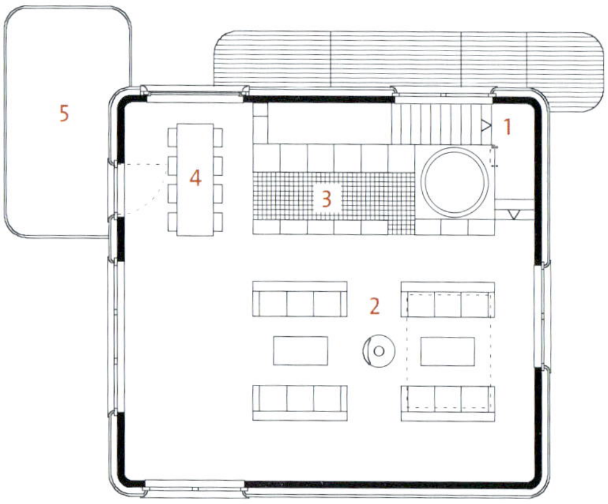

1. Obergeschoss

1 Aufgang zur oberen Wohnung
2 Flur untere Wohnung
3 Toilette
4 Dusche
5 Bad
6 Zimmer

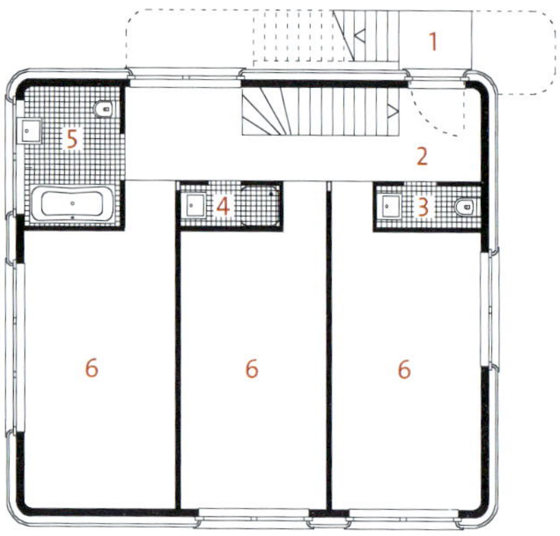

Erdgeschoss

1 Eingang untere Wohnung
2 Toilette
3 Wohnen
4 Küche
5 Essen
6 Terrasse
7 Aufgang zur Straße
8 Abstellbereich

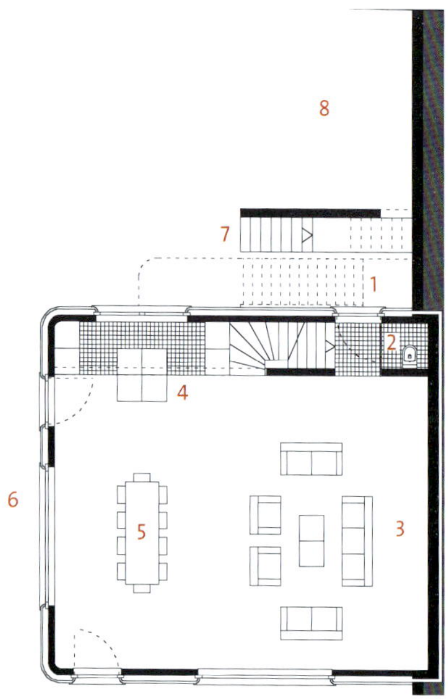

Beim Eingang zur oberen Wohnung zeigen sich die hauptsächlich verwendeten Materialien.

Das Haus sitzt am Fuß des Hanges, die untere Terrasse weist zum Fluss.

Durch die bunt verglaste Kochzeile der Dachwohnung schimmert die Treppe durch.

Wirkungsvolle Materialität Dass diesem Haus an der Aare sehr schnell die Sympathien zufliegen, liegt in seinem anspruchsvoll-libertinen Charme begründet, der frischen Kombination von glänzend-edler Kupferhaut und Anbauten aus rohen Holzlatten, verkleidet mit weiß- und grüngetöntem Wellskobalit. Eine spannungsvolle Polarität, die im Inneren ihre angenehme trendsensible Fortsetzung findet: Der das Gebäude tragende massive Betonmantel – er gewährleistet die freie Grundrissanordnung – wurde an seinen abgerundeten Ecken derart sorgfältig geschalt, dass sich die Lattenbreite in der Kurve sichtbar verschmälert und ein optisch dynamisierender Effekt eintritt. Mit umgekehrter Wirkung vermitteln die vor allem im Treppenbereich eingesetzten farbigen Glasscheiben Leichtigkeit und Transparenz.

Gebäudedaten

Architekten Thomas Jomini, Valérie Jomini, Stanislas Zimmermann

Bauplatz Bern, Schweiz

Grundstücksgröße 890 m²

Bauweise Massivbau

Planungszeitraum 2002 bis 2003

Bauzeitraum Oktober 2003 bis April 2005

Anzahl der Bewohner 5

Wohnfläche 310 m²

Nutzfläche 310 m² + Keller

Baukosten 774 000 € inkl. Grundstück

Von raffinierter Bescheidenheit

Wohnhaus Tettamanti-Colombo, Schiers (CH)
Architekturbüro Tettamanti, Schiers (CH)

»Bei einem Glas Herrschäftler, reifem Alpenkäse, Hirschsalzis und mit Sicht auf die rosa leuchtenden Drusaflühe lässt sich ungezwungener über Kultur, Sitten, Bräuche, Land und Leute sprechen.« So lädt der junge, aus einer ortsansässigen Familie von Baumeistern und Polieren stammende Architekt in sein Haus ein, das er mit Frau und zwei kleinen Kindern bewohnt. Und es erweist sich wieder einmal jene für die Schweiz charakteristische Bodenständigkeit in einer dichten Kulturlandschaft, in der selbst einer progressiven Architekturauffassung Geschichte und Tradition vertraut bleiben. Das Wohnhaus der Tettamantis steht oberhalb des Dorfes an einem Südhang unter Obstbäumen und lehnt sich formal an die regionaltypischen Walserhäuser an. Größe und Umriss reagieren sensibel auf die idyllisch ländliche Lage und scheinen sich damit für den

Alt und Neu sprechen die jeweils eigene Architektursprache.

Was aussieht wie Schlagläden, sind intelligent aufgesetzte Wärmekollektoren.

herrlichen Blick ins Prättigau zu revanchieren, den man insbesondere aus dem großzügigen Wohnraumfenster und von der langen, holzbebohlten Terrasse aus genießen kann.

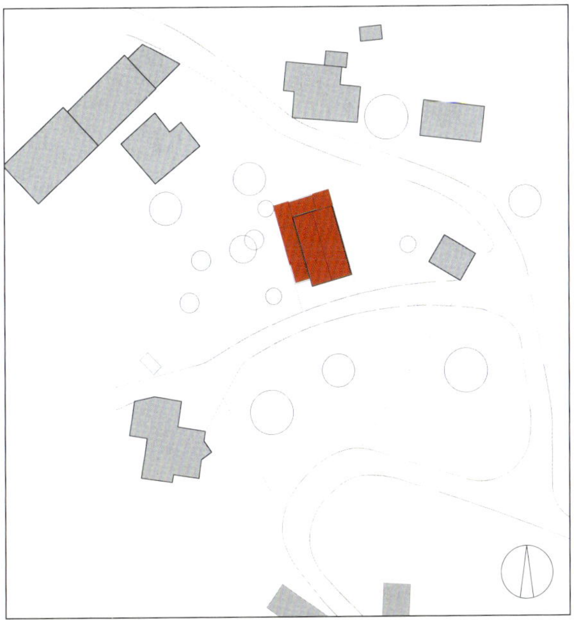

Lageplan

Sensibler Umgang mit Kontext und Region In bewusster Distanz zum überkommenen Berghaus aus Bruchstein und anstehenden Hölzern entstand der Neubau unter Einsatz zeittypischer Materialien und einem Minergiekonzept. Riccardo Tettamanti arbeitete dabei in Analogie zur Bautradition mit einem beachtlichen Feingefühl für die kontextuelle oder auch regionalistische Qualität gestalterischer Parallelsetzung. Das Sockelgeschoss mit integrierter Garage sowie der mit der Hangsubstruktion verbundene Freisitz samt Innenhof an der Westseite wurden in Stahlbeton erstellt und zeigen sich in Steingrau, wie der Unterbau des oberhalb gelegenen Alpenhauses, dessen traditionelle Erscheinung sich im Entwurf reflektiert. Der auf eine in konventioneller Massivbauweise errichtete Tragstruktur gesetzte und mit einem flachen kupferbelegten Satteldach geschlossene Hauptkörper ist als Holzständerbau im Modulsystem aus behandelten Sperrholzplatten gefertigt. Sie entstammen der Herstellung von LKW-Ladeflächen und unterliegen als unkultiviertes Industrieprodukt deshalb dezent schwankenden Farbwerten. Kaum fallen die 4,5 m² großen Sonnenkollektorplatten neben dem Wohnzimmerfenster auf, die aufgrund ihrer idealen Position auch bei Wintersonne genügend Ener-

Der Wohnraum fasst das Alpental in einen großen Fensterrahmen.

Grundrisse (1:250)

Wohngeschoss

1 Abgang zur Haustür
2 Toilette
3 Wohnen
4 Essen
5 Küche
6 Speisekammer
7 Geräte
8 Hof
9 Sitzplatz
10 Terrasse

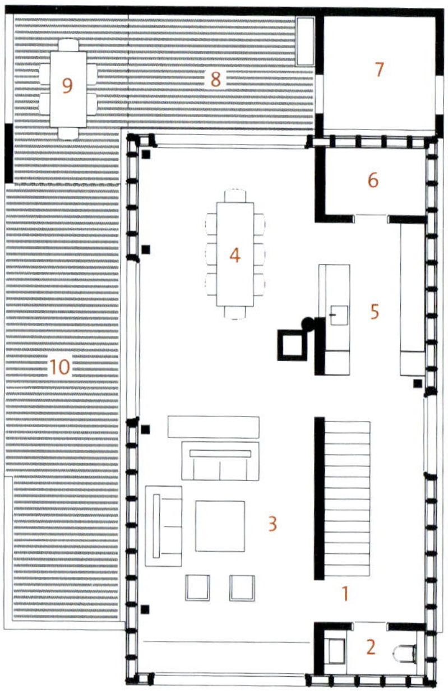

Obergeschoss

1 Bad
2 Eltern
3 Kind

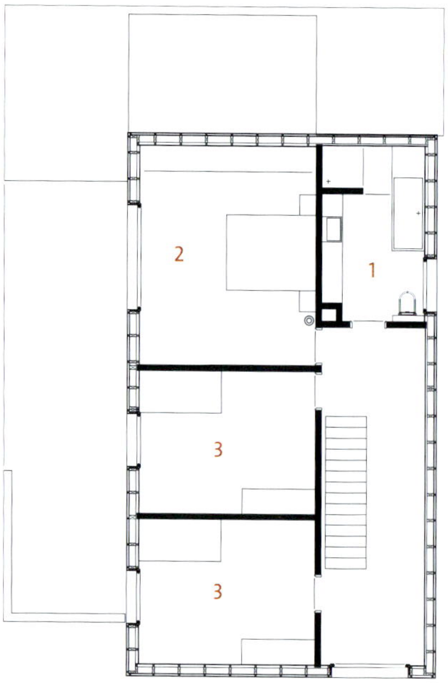

Der hangseitige Hof dient als Lichtgeber und praktische Arbeitszone.

gie zur Warmwasseraufbereitung gewinnen können. In ihnen findet sich erneut Bestätigung für die gelungene, ebenso authentisch wie zeitgemäß vorgehende Neuinterpretation des alpenländischen Kleinhauses. Die bescheidene Form ist landschaftlich vertraut, die Grundrisse folgen mit ihrer Zweiteilung in einen schmalen Erschließungs- beziehungsweise Nassbereich und einen breiten Wohn- respektive Schlafbereich wie auch bei alten Bauernhäusern einer idealfunktionalen Disposition, und auch das Baumaterial verhält sich analog.

Technik und Ökologie Dennoch gelingt eine trotz klarer ökonomischer Beschränkung technisch anspruchsvolle und gestalterisch jugendliche Architektur. Der darüber hinaus erreichte Minergiestandard basiert auf zusätzlichem Planungs- und Ausstattungsaufwand: Außenwände und Dach wurden mit 22 und 26 cm dicken Lagen Steinwolle gedämmt, ein Holzpellet-Ofen im Wohnzimmer erbringt die im Winter zusätzlich benötigte Wärme. 80 % seiner Leistung gelangen durch ein Hydraulikmodul in Bodenheizschlaufen, die zum Teil direkt über die Oberarmierung der 25 cm starken Zwischendecken einbetoniert wurden. Auf diesen liegt Eichenholz oder Linoleum. Das Gebäude verfügt zudem über eine mechanische Lüftung, die der Abluft von Nasszellen, Küche und Korridor durch einen Rotationswärmetauscher Feuchtigkeit und Wärme entzieht und diese wieder in die außen entnommene Frischluft einbringt. Eines Tages, wenn die Kinder groß sind, werden sich Kupferdach und Holzwandung in reifer Patina zeigen. Dann hat auch dieses kleine Bauwerk seine Geschichte, über die man bei Wein und Käse bestens reden kann.

Querschnitt

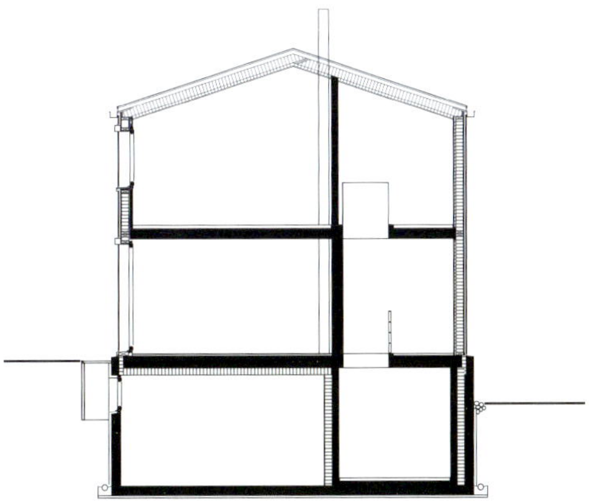

Gebäudedaten

Architekt Riccardo Tettamanti
Bauplatz Schiers, Schweiz
Grundstücksgröße 850 m²
Bauweise Holzständerbau mit montierten Fassadenplatten, Betonsockelgeschoss
Planungszeitraum Januar 2003 bis Januar 2004
Bauzeitraum März bis September 2004
Anzahl der Bewohner 4
Wohnfläche 220 m²
Nutzfläche 311 m²
Baukosten 351 000 €

In trauter Zweisamkeit

Sommerhaus Svejgård, Dyngby (DK)
Arkitektfirmaet Claus Hermansen, Århus (DK)

Die skandinavische Kultur des Sommerhauses gibt einem Architekten eine besondere Verantwortung mit. In der nur kurzen warmen und sonnigen Jahreszeit zieht es die Dänen und ihre nördlichen Nachbarn weit weg vom Alltäglichen in eine möglichst unverbaute Natur an Strand und Wasser. Kurioserweise gestaltet der durchschnittliche Ferienhausbesitzer sein Saisondomizil dann aber nicht selten wie die Miniaturfassung seines vorstädtischen Eigenheims, dessen Banalität er sich eigentlich entziehen wollte. Entsprechend suburban gerieren sich auch die Häuschen der Ferienparzellen einer nur wenige Meter vom Strand von Dyngby gelegenen Siedlung, für die Claus Hermansen ein weiteres Sommerhaus entwerfen sollte. In seiner unerbittlich idealistischen Grundauffassung durch die Bauherren bestätigt, dass es sich bei diesem Bau um eine explizit »andersartige«, spezifisch dem Wohnen in den Ferien angepasste Architektur handeln sollte, verteilte er die gewünschten Funktionen in zwei, durch einen kleinen Flachtrakt verbundene Baukörper. Diese von den meisten Standpunkten aus als formal eigenständige Konturhäuser wahrnehmbare Konfiguration wurde komplett

Die zwei abgewinkelten Baukörper des Ferienhauses überzieht eine Stahlgitterhaut.

Eine Computer-animation illustriert die spätere Wirkung der kompletten Begrünung.

mit einem Corten-Stahlgitter überzogen, das die meiste Zeit des Jahres sowohl das Innere gegen unerwünschtes Eindringen abschottet, als auch nach außen signalisiert, dass es sich um ein »typisches« Sommerhaus handelt. Schon frühere Generationen hatten die Fenster ihrer hölzernen Strandhütten über die kühlen Monate hinweg mit Brettern und Läden verschlossen. Hier werden irgendwann, dessen ist sich der Architekt sicher, Kletterpflanzen die Architektur überwuchert haben und sie provokativ mit der Natur verschleifen, zu deren Genuss man ja ursprünglich in die Landschaft gezogen war.

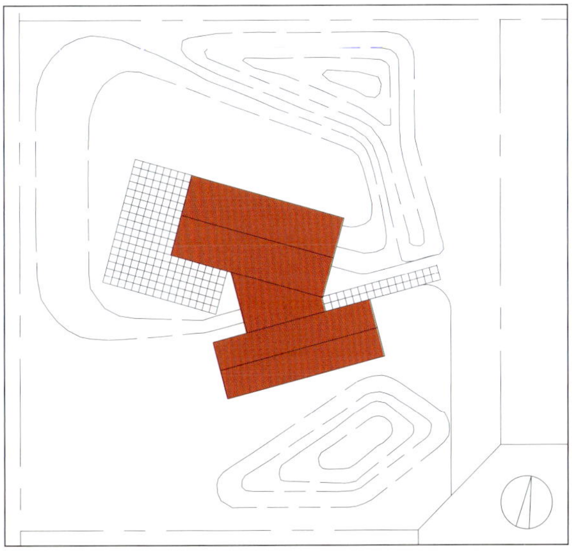

Lageplan

Charakter gegen Langeweile Die beiden einstöckigen Giebelhäuschen, deren puristischer Umriss die biedere Langeweile der umstehenden Wohnbauten augenfällig macht, sitzen auf einem Betonfundament und wurden als Holzständerbauten aufgeführt. Die Wände bestehen aus Holzplatten, die mit hochverdichteter Steinwolle isoliert sind. Lediglich die in Anlehnung an Le Corbusier geschwungenen Wände von Bad und Toilette im Mitteltrakt wurden gemauert und dienen der Gesamtstruktur als zentraler Stabilisator. Während das Dach des größeren, nördlichen Flügels als Dachstuhl im Bindersystem ausgeführt ist, ergibt sich im kleineren Hausteil im

In den Wohntrakt schiebt sich die Badezimmerwand – davor der gusseiserne Ofen.

Süden durch die als Dachfläche weitergeführten Seitenpaneele ein balkenfreier Luftraum. Die drei darin untergebrachten kleinen Schlafräume können sich so bis zum First ausdehnen, wobei ihre schrägen Innenwände einer routinierten Nutzung entgegenwirken und diese Räume gestalterisch damit deutlich aufwerten. Unterstützt wird dies durch die tief und zum Teil als schmale Bänder angesetzten Fenster, die durch die Gitterverkleidung nur eine recht eigenwillige Korrespondenz mit dem Außen erlauben. Vom um drei Stufen tiefer gelegten Wohntrakt betritt man über Fenstertüren den Garten. Er verfügt über eine Terrasse nach Südwesten und einen ungestörten Blick in die nördlich anschließende Baumgruppe. Die Außenhaut, die beide Trakte mit einer naturreaktiven, rostenden und bewucherten Schicht umgibt, steht in bewusstem Kontrast zur Notwendigkeit einer kultivierten Gestaltung im Inneren: Auf den Böden wurde Schiefer verlegt, die Wände aus Gipsplatten sind weiß gestrichen, ein freistehender Ofen erlaubt die angenehme Temperierung des großen ungeteilten Wohnraums in der Übergangszeit. Der Rauch aus dem dünnen metallenen Kaminrohr gibt – vorausgesetzt es wird kräftig eingeheizt – von außen wohl den einzigen Hinweis darauf, dass hier eine dänische Familie in ihrem einzigartigen Sommerhaus einen schönen heimeligen Ferienabend genießt.

Gebäudedaten

Architekten Claus Hermansen, *Mitarbeit:* Jonas Qvesel

Bauplatz Dyngby Strand, 8300 Odder, Jylland, Dänemark

Grundstücksgröße 857,5 m²

Bauweise Holzständerbau

Planungszeitraum August 1998 bis Januar 1999

Bauzeitraum Februar 1999 bis Januar 2000

Anzahl der Bewohner 2

Wohnfläche 87 m²

Nutzfläche 87 m²

Baukosten 147 000 € + 58 000 € für Grundstück und Gartenanlage

Grundriss (1:300)

Erdgeschoss

1 Eingang
2 Flur
3 Zimmer
4 Toilette
5 Bad
6 Küche/Essen
7 Wohnen
8 Terrasse

Reet im Winkel

Haus Nan, Gorssel (NL)
Maas Architecten bv, Lochem (NL)

Die wenigsten hätten vermutet, ein waschechtes Reethaus unter den hier aufgeführten modernen Wohnbauten zu finden. Die jungen Maas Architecten aus dem kleinen niederländischen Ort Lochem begannen mit einer abstrakten Formidee: Man dachte sich eine dicke Grundplatte. Zum Nachbarn hin als Mauer rechtwinkelig hochgeklappt, nimmt sie als Bodenfläche zuerst den Carport auf, dient dann dem Küchentrakt als Dachplatte und faltet sich an ihrer Nordseite viermal, um den Hauskörper auszubilden. Ein Knick im rechten Winkel erzeugt die straßenseitige Wand, die Fortsetzung der Grundplatte führt zur nördlichen Dachfläche, ein spitzwinkeliger Knick den Dachfirst und ein weiterer stumpfer Winkel schließt das Gebäude auf seiner Südseite.

Die Fassadenlinie begleitet die Form Augenfällig nachvollziehen lässt sich diese sehr grafische Entwurfsidee an der in weißem Stahlblech ausgeführten Fassadenlinie, die sich über die Länge der Straßenfront zieht und dann den Verlauf des Giebels begleitet. Während der Erdgeschossbereich neben dem Carport in bläulichen Klinkern aufgemauert wurde – hier befinden sich das Esszimmer mit dem Eckfenster, die Küche, ein Arbeits- und ein Kellerraum –, zeigt die entgegengesetzte

Das Reetdach sitzt passgenau wie eine Perücke.

Mit großer Akkuratesse wurden die Öffnungen aus dem Dach geschnitten.

Hausfront einen Putzsockel, aus dem sich der Kamin senkrecht durch die Dachseite schiebt. Ansonsten wurden beide Giebel vollkommen verglast. Dies kommt unter anderem dem Badezimmer im südlichen Obergeschoss zugute, das die Architekten ohne Abgrenzung in das Schlafzimmer übergehen ließen – von der Wanne aus blickt man bei offenem Vorhang in die flache Landschaft.

Ein Dach mit Frisur Maßgebliche Aufmerksamkeit zieht das Haus durch die einzigartige Ausführung des Satteldaches auf sich. Von weitem scheint es, als habe jemand einen überdimensionalen Türvorleger über den Giebel gelegt und ihn dann mit genauesten Schnitten für die vertikalen Fenster der Nordseite und den horizontalen Eckverglasungen darunter angepasst. Bei näherem Hinsehen erkennt man die perfekte Reetdeckung, ein traditionelles und ortstypisches Material, dessen Verwendung an diesem plastisch anspruchsvollen Entwurf jedoch verwirrt. Da die Reethalme konturexakt auf den die eigentliche Dachkonstruktion bildenden isolierten Dachplatten fixiert wurden, entfällt der erwartete romantische Überstand und das Reet wird zur funktionalen zweiten Haut. Das Regenwasser läuft dank der mindestens 45° betragenden Dachneigung unproblematisch an den Halmen, die auf einem direkt auf die Dachpaneele geschraubten Eisendrahtgeflecht festgebunden wurden, nach unten ab. Weil es bei dieser Technik keinen Kontakt zwischen dem Innenraum und der pflanzlichen Deckung gibt, konnte die materialtypische Feuergefahr deutlich reduziert werden.

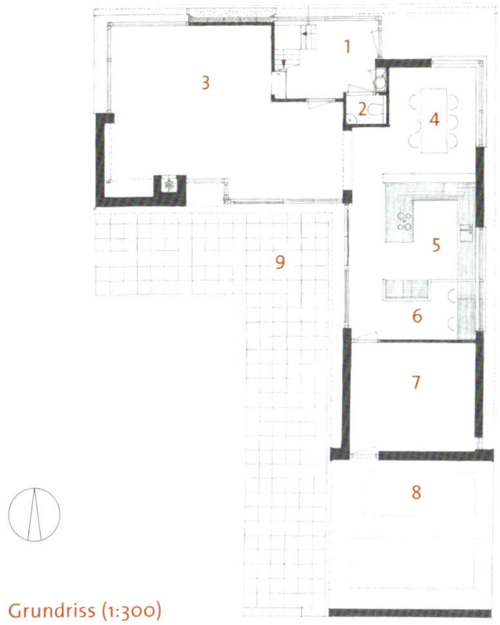

Grundriss (1:300)

Erdgeschoss

1 Eingang
2 Toilette
3 Wohnen
4 Essen
5 Küche
6 Arbeiten
7 Kellerraum
8 Carport
9 Terrasse

Lageplan

Gebäudedaten

Architekten Gerard Plug, Wim Maas
Bauplatz Gorssel, Niederlande
Grundstücksgröße 814 m²
Bauweise Massivbau
Planungszeitraum Oktober 2001 bis Juni 2002
Bauzeitraum Juni 2002 bis März 2003
Anzahl der Bewohner 4
Wohnfläche 140 m²
Nutzfläche 164,5 m² + 31 m² (Carport)
Baukosten 272 000 €

Tribüne am Wasser

Wohnhaus Opdam, Warmenhuizen (NL)
123DV architectuur & consult, Rotterdam (NL)

Das rote Einfamilienhaus des Rotterdamer Büros 123DV erfüllt alle Erwartungen an Bauten in den Niederlanden: Es steht an einem Kanal und ist aus rotem Ziegelstein. Sein Giebel mit der 45°-Dachneigung löst sich dank Farbe und einprägsamer Kontur aus der engen Nachbarschaft in Warmenhuizen und macht sich bemerkbar, auch dem Schiffer auf dem Wasserlauf, an dem sich die Häuser eines gediegenen Stadtrandviertels aus den späten 1990er-Jahren in sanfter Kurve aufreihen. Wenig holländisch allerdings erscheint der betont reservierte Umgang mit der visuellen Öffnung des Hauses: Es wurde gegen unerwünschte Einblicke bewusst auf viel Glas an den Seiten verzichtet. Hier gibt es nur den schmalen Eingang und ein Rundfenster auf der gegenüberliegenden Flanke. Auch zur Straße hin signalisiert ein breites Bandfenster, hinter dem sich Küche und Arbeitsraum befinden, mit seiner hohen Brüstung nicht unbedingt die charakteristisch unkomplizierte Offenheit des Wohnens, sondern widmet sich dem suburbanen Dasein in durchaus mitteleuropäischer Bewahrung des Privaten.

Eine tribünenartige Treppe öffnet das Haus zum unmittelbar angrenzenden Kanal.

Rot erzielt Aufmerksamkeit Dass die Architekten für die Großform des Hauses keineswegs eine banale Wiederaufnahme des vorherrschenden Satteldachtyps planten, dafür spricht bereits die intensiv rote Färbung, die von den Ziegeln aufgegriffen wird und damit den ungewöhnlichen Eindruck eines in Gestalt und Material homogenen Baukörpers erzeugt. Konsequent arbeitet der Aufriss hierbei mit zwei Farben, indem er den auffälligen Mauer- und Dachton immer dann mit Grau konfrontiert, wenn es sich um andere Bauelemente handelt: Dies betrifft sämtliche Fensterrahmen und die wie Kästen aus der Ziegelschräge kippenden Blechgauben, aber auch das die gesamte Hausbreite einnehmende Garagentor, die Traufe und Giebel einfassenden Metallleisten und die beiden Außentreppen. Diese kennzeichnen unmissverständlich die heikle Lage im wasserreichen Polderland und wurden durch das hoch gesetzte Erdgeschoss notwendig.

Das erhöhte Wohngeschoss Durch die so gewonnenen 1,5 m Höhe genießt man einen attraktiven Blick aus dem Wohnraum über die flache Landschaft. Der als Souterraingeschoss ausgeführte Keller, den hauptsächlich eine großflächige Garage einnimmt, wird über eine reizvoll schwingende Zufahrtsrampe erreicht. Die hohen Zwillingsfenster im Giebelgeschoss verleihen der Fassade einen fast physiognomischen Ausdruck. Bei Dunkelheit zeigen sie – wie augenzwinkernd – zwei unterschiedliche Farbeffekte, die sich aus dem Anstrich

Der Autoliebhaber erhielt eine attraktive Vorfahrt.

der durch sie belichteten Schlafzimmer in Orange und Grün ergeben.

Zum spannenden Motiv verwandelten 123DV die Südseite mit ihrer Veranda, ein gegen ortstypischen Wind und Nässe geschützter Freiraum vor dem Wohnbereich. Aus ihm entwickelt sich eine auf Stahlstreben gelegte Holzbohlenterrasse, die sich in voller Breite als Treppe in den Garten fortsetzt. Ihre, an ein Stadion erinnernde Konstruktion, von der aus es sich entspannt den Enten im Wasser zuschauen lässt, verhalf dem Neubau im Dorf zum Spitznamen: »die Tribüne«.

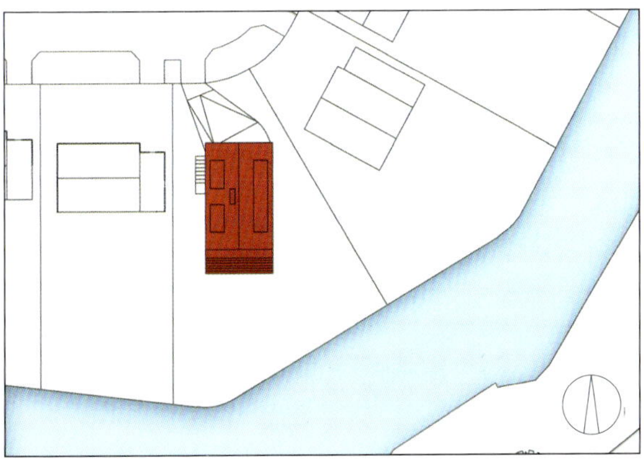

Lageplan

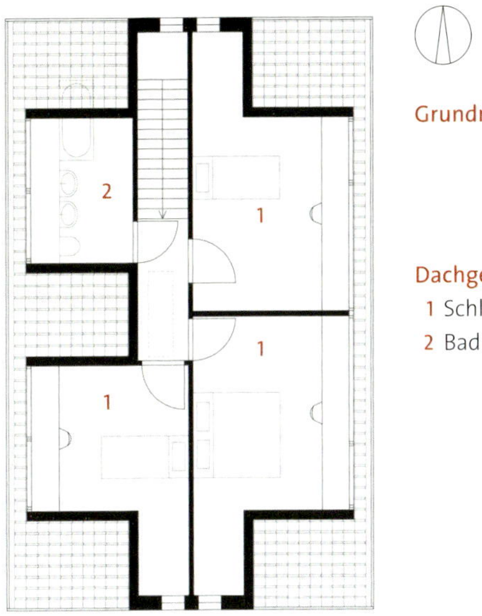

Grundrisse (1:300)

Dachgeschoss
1 Schlafen
2 Bad

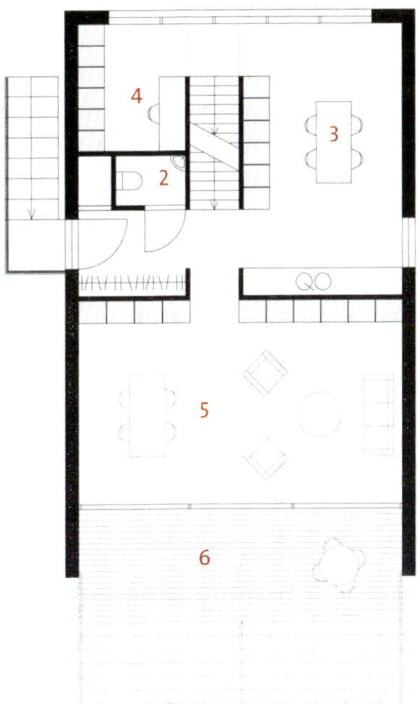

Wohngeschoss
1 Eingang
2 Toilette
3 Küche/Essen
4 Arbeiten
5 Wohnen
6 Balkonloggia

Gebäudedaten

Architekt Liong Lie
Mitarbeit: Fred Gerdes, Wies Nordman

Bauplatz Warmenhuizen, Niederlande

Grundstücksgröße 700 m²

Bauweise Ziegelbau

Planungszeitraum 2000

Bauzeitraum 2001

Anzahl der Bewohner 3

Wohnfläche 90 m² (EG)

Nutzfläche 298 m²

Baukosten 325 000 €

Variantenreicher Standard

Modulhaus Vijfhuizen, Haarlemmermeer (NL)

S333 Architecture + Urbanism, Amsterdam (NL)

Das neue rechteckige Quartier besitzt den liebenswerten Namen *Bloembollenhof*, was jedoch keineswegs auf die Art seiner architektonischen Bebauung schließen lässt, denn hier entstehen seit 2003 nicht gemütlich runde bunte, sondern silbrig glänzende spitzgiebelige Häuser. Das Amsterdamer Büro S333 – ein internationales Team mit dem Kanadier Burton Hamfelt, den Engländern Jonathan Woodroffe und Dominic Papa sowie dem aus New Zealand stammenden Chris Moller – erhielt 1998 den Auftrag zur Erstellung von 56 aus geplanten 700 Vinex-Wohnungen in der gesamten Siedlung. Auf dem 1,2 ha großen Terrain wird ein Budget von 5,7 Mio. Euro in zwei Phasen verbaut. Ziel ist die Unterbringung möglichst unterschiedlich dimensionierter Wohnungen, die von 90 bis 250 m² reichen. Die Anlage des Wohnviertels besitzt aufgrund ihrer dorfähnlichen Zusammenstellung mit direkt an den freistehenden und bewusst dicht gesetzten Häusern verlaufenden Zufahrtsgassen urbane Züge. Es gelang, eine Anordnung zu finden, die ebenso interessante, den Stadtcharakter betonende Blickachsen bot, als auch gegenseitige Einblicke aus enger Distanz vermeiden konnte.

Schicke Wandgestaltung in Aluminium und Holz.

Ein Typus entsteht Die Architekten entwarfen einen Standardtyp in dem für den niederländischen Siedlungsbau maßgeblichen Vinex-System. Durch geschickte Variation als Einzel-, Doppel-, Tripel- und kleines oder großes Langhaus, einmal mit Terrassenvorbau, ein anderes Mal mit kastenartiger Fenstergaube ergibt sich ein abwechslungsreiches Siedlungsbild. Grundform ist das sich dem regionalen Lagerhaustyp annähernde »Konturhaus« mit einer großflächigen Verkleidung aus aluminiumfarbenen profilierten Stahltrapezblechen, die sich über das Dach zieht. Sie wirkt in ihrer Kombination mit dunklen Fassadenfeldern aus genuteten Cumaru-Holzplanken durchaus hochwertig und verhält sich in eben dieser, auf die 1960er-Jahre rückbezogenen Materialkombination gleichzeitig auch stiltypisch für die Jahrtausendwende. Die auffällig schmal geschnittenen Häuser selbst leben durch ihren grafischen Fassadenaufriss. Seitenwände und Dach strukturieren sich mittels einer Gliederung aus unterschiedlichen Oberflächenbereichen sowie der Interaktion von Wand und Fenster, welche vor allem durch die variierenden Rahmenbreiten und -materialien eine Dynamisierung erfahren. Dies betrifft auch die Gestaltung der metallenen Dachflächen, die von quadratisch gerasterten Oberlichten oder firsthohen schmalen Dachhäusern unterbrochen werden.

Variationen In einer weiteren Version variierten die Architekten den geschlossenen Hauskörper durch einen quasi chirurgischen Einschnitt an der Flanke, der sich auf der Südseite vom First durch das Dach bis in das Obergeschoss fortsetzt. So ergibt sich nicht nur eine spannungsreiche Zwiesprache zwischen externem und internem Raum – gleichzeitig entsteht eine im Gebäude geborgene zweistöckige Dachterrasse, die mit vielen Fenstern den Wohnräumen Licht und den Bewohnern der engen Siedlung zwei intime Rückzugsorte unter der Sonne schenkt. Im Inneren erlaubt diese Öffnung diagonale Durchblicke und Fensterpositionen, die man angesichts der ansonsten geschlossenen Kastenkontur nicht erwarten würde.

Der Standardtyp lässt sich unproblematisch durch einen Anbau erweitern.

Grundrisse (1:250)

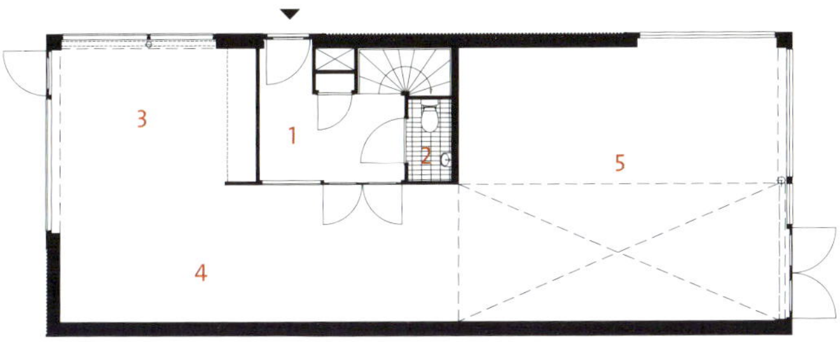

Erdgeschoss
1 Eingang
2 Toilette
3 Küche
4 Essen
5 Wohnen

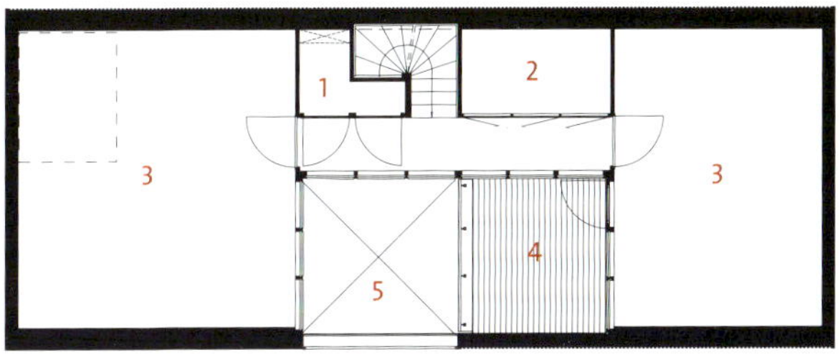

2. Obergeschoss
1 Stauraum/ Toilette
2 Abstellraum
3 Schlafen
4 Obere Terrasse
5 Luftraum untere Terrasse

Gebäudedaten

Architekten Burton Hamfelt, Chris Moller, Dominic Papa, Jonathan Woodroffe

Bauplatz Bloembollenhof Vijfhuizen, Niederlande

Grundstücksgröße 100 m² (Typ 5)

Bauweise Massivbau

Planungszeitraum 1998 bis 2004

Bauzeitraum September 2001 bis Anfang 2003

Anzahl der Bewohner 4

Wohnfläche 170 m² (Typ 5)

Nutzfläche 220 m² (Typ 5)

Baukosten ca. 300 000 € (Typ 5), gesamt 5 700 000 € für 56 Hauseinheiten (90 m² bis 250 m²) auf 1,2 ha

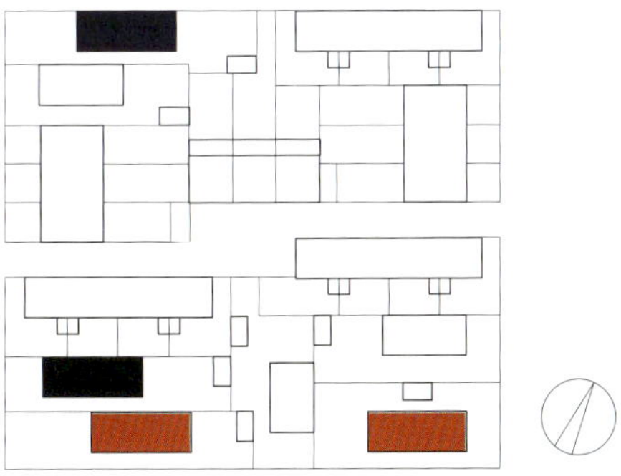

Lageplan

Zum Wohlsein

Haus Cortier-De Lat, Ternat (B)

Bureau vers plus de bien-être V+, Brüssel (B)

Am Anfang waren zwei Aufgaben: zum einen die lokalen Bauvorschriften mit ihrer Verpflichtung auf ein kellerloses und konventionell gezeichnetes Satteldachhaus mit festgelegter Baumasse, zum anderen der Wunsch der Bauherren nach einem »Meisterstück«. Wenn man sich als Architekten schon »Bureau vers plus de bien-être – Büro für mehr Wohlsein« nennt, dann hat man der selbst gestellten Herausforderung gerecht zu werden und Außergewöhnliches zu leisten. Doch zuerst musste das Gewöhnliche bewältigt werden. Das junge, international besetzte Büro erzeugte einen massiv wirkenden Hauskörper, verursacht durch eine in Eternit-Tafeln ausgeführte und betont glattflächig über Fassaden wie Dach geführte Wandung. Er sollte hellgrau sein, »um das Konventionelle zu steigern« und »aus Stein, vornehm wie die Stadtkirche«. Die Fenster liegen plan in der Außenfläche, mit Ausnahme der Gartenseite, an der sich auch eine tief bis in das Dach geführte Einschlitzung zur Aufnahme eines wind- und sichtgeschützten Terrassenfreiraums befindet.

Im Kontrast zur eher pragmatischen Durchfensterung des Erdgeschosses zeugen dann aber scheinbar frei in den Flächen der Fassaden und des Daches verteilte, winzige bis übergroße Fensterformate von der

Durch einheitliche Farbgebung von Dach und Fassade entsteht massive Blockhaftigkeit.

Der südliche Einschnitt erzeugt eine windgeschützte Terrasse.

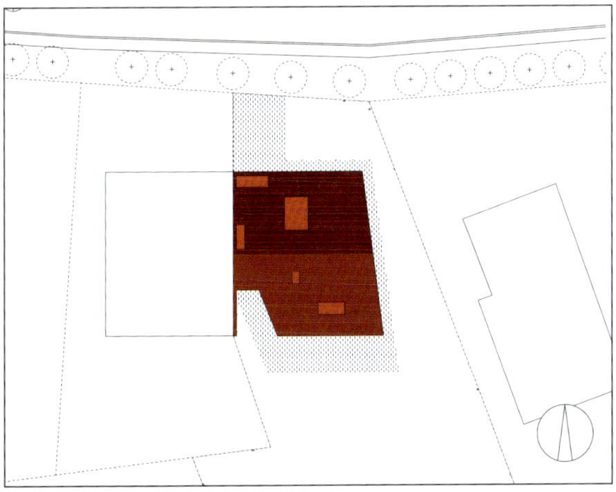

Lageplan

grundsätzlichen Spannung innerhalb des Entwurfs. Der aufmerksame Besucher findet dies schon in der leichten Verzerrung des Grundrisses angedeutet, mit der sich die Außenwände des Baukörpers dezent dem traditionellen Formdiktat der Normalität vorspiegelnden Giebelansicht entziehen.

Die Explosion des Innenraums Im Inneren des Gebäudes jedoch explodiert die Raumverteilung. Die Architekten arbeiteten dabei in bewusster Emanzipation von der Haushülle. Über dem Holzboden des Erdgeschosses, in dem das Hauptschlafzimmer samt Bad, die Garage mit angeschlossenem Abstellraum sowie eine offene Küche mit Wohn- und Essbereich Aufnahme finden, entwickelt sich eine komplexe Konfiguration von Galerien, frei schwebenden Treppenzügen und Wandflächen, belichtet durch jene großen und kleinen Glasfelder, die in die Steinhaut eingeschnitten wurden. Man fühlt sich bei dieser vertikalen Überlagerung und räumlichen Verschneidung von Ebenen und Flächen an den *Merz-*

Die Fenster sitzen flächenbündig oder mit Rahmen in der Fassade.

Links oben:
Der Treppenbalken vom Bad zur oberen Galerieebene.

Links unten:
Dieselbe Treppe vom Wohnraum aus.

Rechts oben:
Blick zur Küche und unteren Galerieebene.

Rechts unten:
Raumimpression mit Dach- und Seitenfenster.

Raum des Avantgardisten Kurt Schwitters oder an Frank O. Gehrys *Vitra-Museum* in Weil am Rhein erinnert. Es ist die »Zer-Gliederung« des kanonischen Funktionsprogrammes, deren Begründung sich im Falle dieses nur eine halbe Stunde vor Brüssel gelegenen Hauses jedoch auf eine weniger ideologische oder experimentelle Konzeption beruft.

Die Idee einer ›Entdeckungswelt‹ Eigentliche Motivation war die sympathische Idee der Auftraggeber, in ihrem selbst hauptsächlich im barrierefreien Erdgeschoss genutzten neuen Heim den Enkelkindern eine fulminante »Entdeckungswelt« zu bieten, eine Komposition aus Galerien, Treppen, Aus- und Durchblicken sowie einem knallroten Kaminschlot, der sich durch das Dach streckt. Um diese »Welt« auch praktisch bewohnbar zu machen, wurde auf halber Höhe ein kleines Bad installiert, während das Kinderschlafzimmer als bühnenartig arrangierter Kasten an die oberste Position direkt unter den First gerückt wurde. Von seinen in die Wände geschnittenen Innenfenstern lässt sich das Spiel der Ebenen und Treppenläufe innerhalb des Volumens reizvoll überblicken.

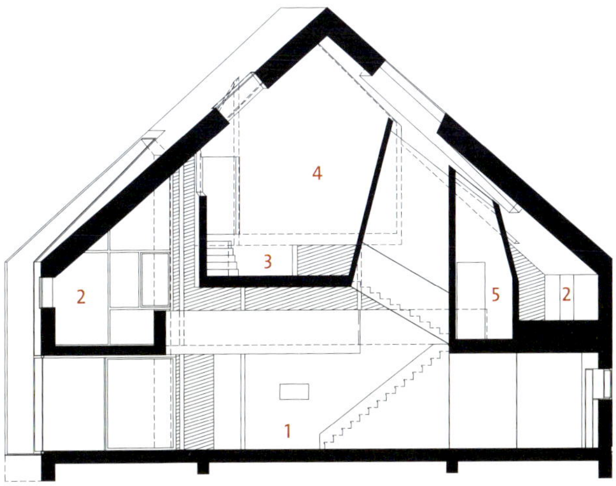

Querschnitt
1 Erdgeschoss
2 Untere Galeriefläche
3 Obere Galeriefläche
4 Gastzimmer
5 Bad

Fotocollage der unteren Galerieebene. Blick auf den Badkörper.

Erdgeschoss

1 Eingang
2 Garderobe
3 Toilette
4 Garage
5 Lagerraum
6 Küche
7 Wohnen
8 Bad
9 Schlafen
10 Terrasse

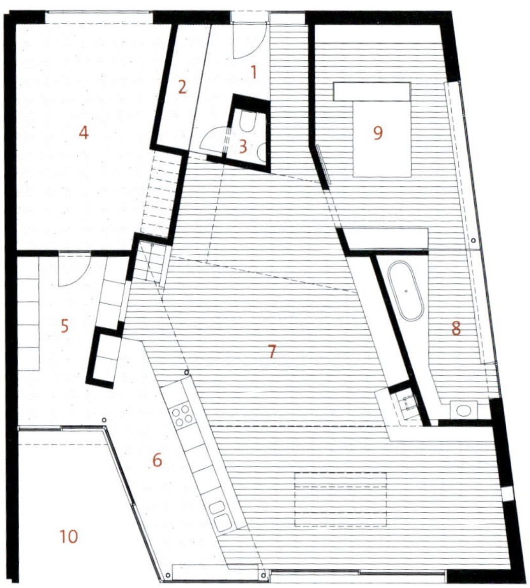

Galeriegeschoss 1

1 Luftraum Erdgeschoss
2 Treppe vom Erdgeschoss
3 Untere Galeriefläche
4 Bad
5 Treppen zur oberen Galeriefläche

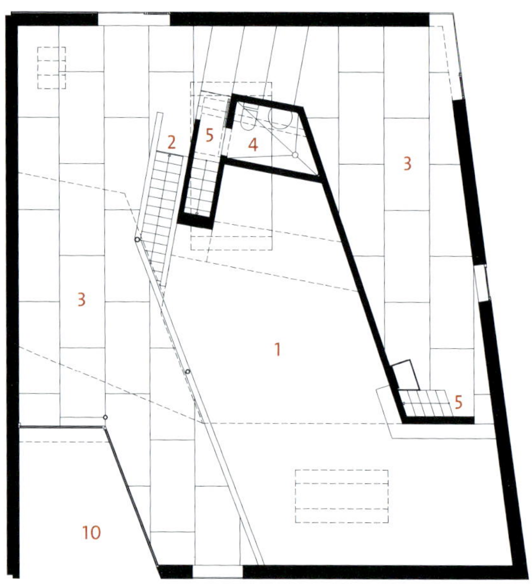

Der Blick vom Wohnbereich zur oberen Galerie verdeutlicht die einzigartige Raumqualität.

Galeriegeschoss 2
1 Luftraum Erdgeschoss
2 Untere Galeriefläche
3 Obere Galeriefläche
4 Treppe zum Gastzimmer

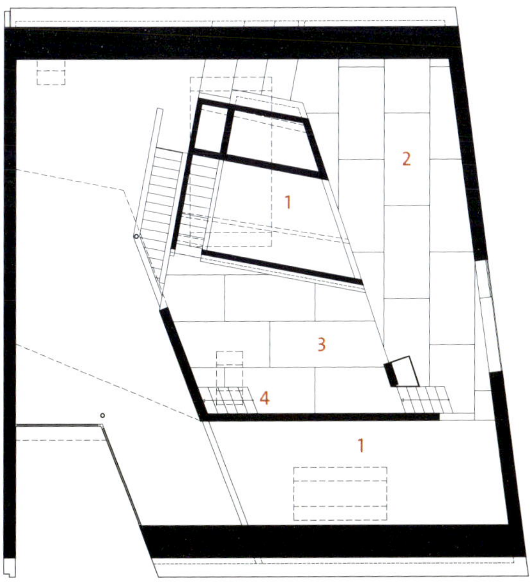

Grundrisse (1:250)

Gebäudedaten

Architekten Jörn Aram Bihain, Thierry Decuypere, Shin Hagiwara, *Ingenieur:* Kathleen Mertens

Bauplatz Ternat, Belgien

Grundstücksgröße 1164 m²

Bauweise Beton-Massivbau

Planungszeitraum 2001 bis 2003

Bauzeitraum 2003 bis 2004

Anzahl der Bewohner 2

Wohnfläche 360 m²

Nutzfläche 360 m²

Baukosten 325 000 €

Häuschen mit theoretischem Überbau

Maison Icône, Montreuil (F)

Périphériques Architectes, Paris (F)

Das bereits in der Einleitung (s. S. 6) vorgestellte *Maison Icône* präsentiert, zusammen mit einigen niederländischen Vergleichsbeispielen, eine der frühesten konsequenten Umsetzungen des Konturhaustyps – kein Wunder, denn als Anne-Françoise Jumeau und Louis Paillard an seinem Programm arbeiteten, befanden sie sich in enger Kooperation mit MVRDV im Wettbewerb zum Pariser *Musée des Arts et Civilisations*. Wie ihre Kollegen begeisterte die Franzosen ein kinderhausgleich geschnittener Baukörper, den sie selbst als »beinahe archaisch« bezeichnen, isoliert auf dem Grund stehend und durch keine äußeren Vorsprünge in der glatten Fassadenführung irritiert – bis vielleicht auf einen eventuellen Türkasten und den unverzichtbaren metallenen Kaminzylinder. Solcherart ausgestattet wurde dann auch eine erste Version des so griffig mit »Ikon« bezeichneten Haustyps in Montreux verwirklicht. Das erste Konzept von 1997, vorgestellt in einer Publikation unter dem Titel »36 Vorschläge für ein Haus«, sah einen Betonkörper vor, der mit vier Fassadenversionen hätte realisiert werden können: Stahlgitter, Polycarbonat-Elementen, gemusterten Stahlplatten oder Holzpaneelen.

Schlagläden und Efeu zitieren romantische Bautradition.

Die außer-
gewöhnlichen
Baumaterialien
kontrastieren mit
dem Umfeld.

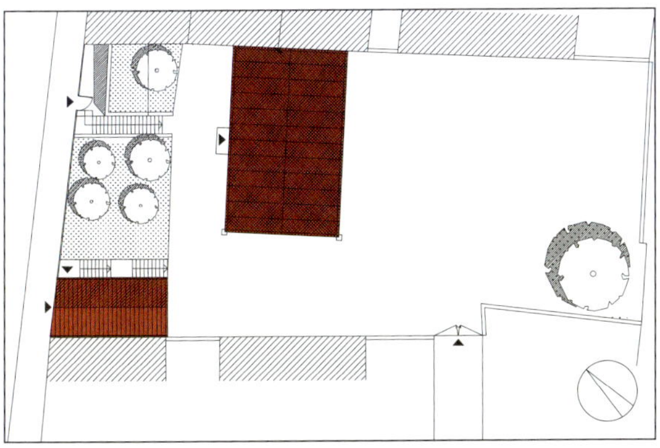

Lageplan

Ein sympathisches Landhaus Bei der schließlich realisierten Variante des Programms veränderte man wenig, lediglich die quadrierende Querrippung des Fassadenaufrisses und die unregelmäßige Position der Fenster unterblieb, sodass sich der Gesamteindruck etwas beruhigte. Von der ansteigenden Straße aus wirkt der Bau mit seinem schlanken Giebel, den typischen bodentiefen Fenstern sowie den links angesetzten Schlagläden wie die moderne Projektion eines kleinen französischen Landhauses, das sich vor eine Reihe von Mietshäusern der vergangenen Jahrhunderte niedergelassen hat. Um es herum führt ein kleines Podest aus Holzplanken,

Das Prinzip
der Schichten:
Sichtbeton,
Stahlgitter,
Holzpaneele.

Ein Pfad aus Holzplanken führt um das Haus.

Die Fenster schieben sich mit ihren kastenartigen Laibungen durch die Gitterhülle.

von dem aus man angenehm unproblematisch in die schlichten Wohnräume tritt. Ihre weißen oder hellfarbigen Putzwände wechseln sich mit naturbelassenen Holzverkleidungen ab, als Bodenbelag wurde schwarzer Estrich gewählt.

Ein Ikon – überwuchert Bewusst entschieden sich die Bauherren für die Fassadenvariante in Gitterrostverkleidung, die einerseits auf fast beunruhigend ehrliche Weise das Bauprinzip der Fassadenhülle um einen Stahlbetonkasten bloßstellt. Zum anderen aber ermöglicht die Gitterstruktur dem Haus, sich mittels schnellwachsender Berankung in absehbarer Zeit mit der Umgebung unauffällig zu verweben. Die Gartenseite erhielt eine bühnenbildartige Verblendung mit rottonigen Holztafeln, die sich wie ein Muster riesiger Backsteine über die Fassade ziehen. Doch auch wenn das charmante Häuschen irgendwann einmal überwuchert sein sollte, eine kleine metallverkleidete und giebelständig positionierte Garage an der Westecke der Parzelle würde, weiterhin sichtbar, demonstrativ von der ikonischen Form des Wohnhauses künden.

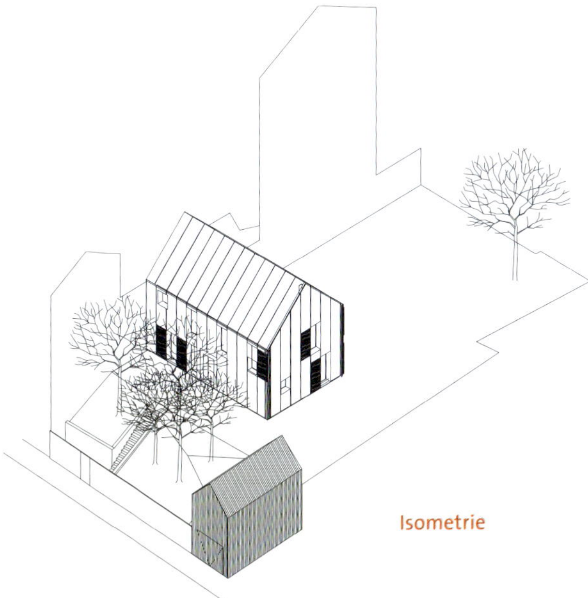

Isometrie

Der Innenraum fließt vom Wohnbereich bis in den Giebel. Hier die Galerie mit den Schlafzimmern.

Helle Farben im Inneren. Die Fensterrahmen sitzen vor der Wand.

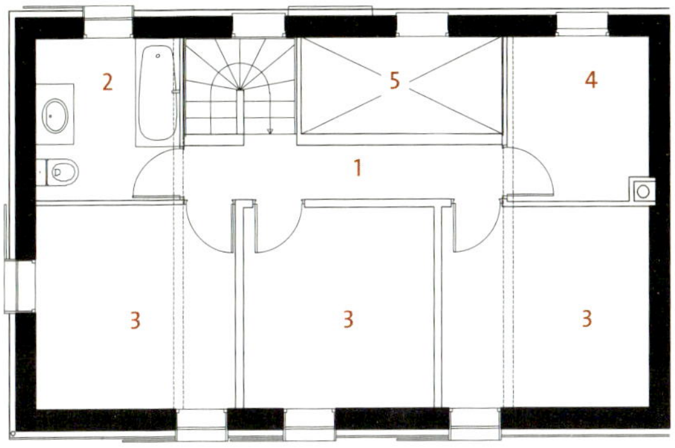

Obergeschoss
1 Flur
2 Bad
3 Schlafen
4 Ankleide-zimmer
5 Luftraum

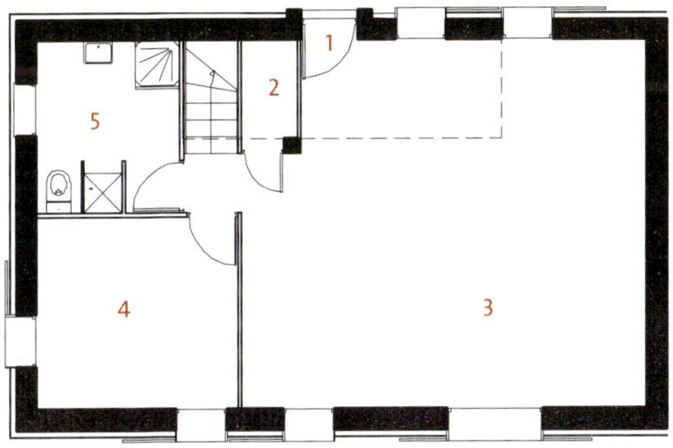

Erdgeschoss
1 Eingang
2 Abstellkam-mer
3 Wohnen
4 Küche
5 Bad

Grundrisse (1:200)

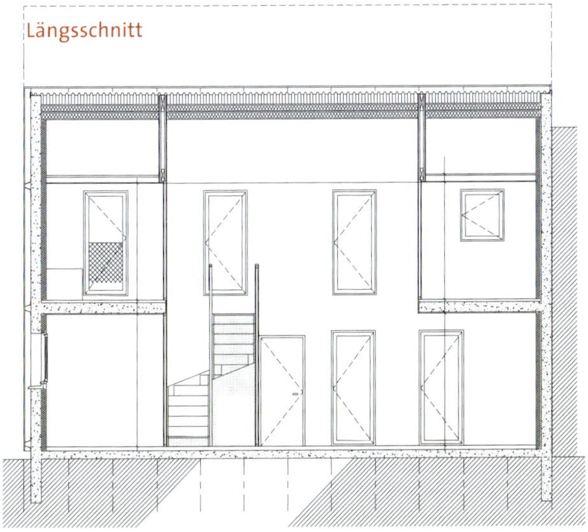

Gebäudedaten

Architekten Anne-Françoise Jumeau, architecte de groupe Périphériques + Louis Paillard, architecte, *Mitarbeit:* Shirin Riassi, Stéphane Razafindralambo, Joachim Swillus

Bauplatz 93100 Montreuil, Frankreich

Grundstücksgröße k. Angaben

Bauweise Massivbau

Planungszeitraum 1997 bis 2001

Bauzeitraum 2001 bis Frühjahr 2002

Anzahl der Bewohner 4

Wohnfläche 105 m²

Nutzfläche 141 m² (Garage: 18 m², Studio 18 m²)

Baukosten 108 000 €

Herausfordernd schwarz

The Black House, Prickwillow (GB)

Mole Architects Ltd., Prickwillow, Cambridgeshire (GB)

Bereits der Titel *Das schwarze Haus* gemahnt den Liebhaber alter Edgar-Wallace-Filme an »Old England« mit seinen schaurig-schönen Traditionen und Geschichten. Als könnte es nicht anders sein, steht *Das schwarze Haus* in der Nähe eines schon länger trocken gelegten Moores in Cambridgeshire. Der Architekt und Bauherr Meredith Bowles allerdings orientierte sich in seiner stilistischen Gestaltung nicht am klischeehaft-romantischen Landhausstil, sondern wandte sich der ortstypischen Scheunenarchitektur zu, um ein wirklich preisgünstiges Niedrigenergiehaus zu entwerfen, in dem die vierköpfige Familie samt Büro Aufnahme findet. Es entstand ein in seiner Konsequenz atemberaubender Hybridbau, der den einen oder anderen Nachbarn im konventionellen Ziegelhaus vermutlich zu diskretem Staunen veranlasste. Das in seiner überlängten Form sehr schmal und hoch wirkende Giebelhaus kommuniziert durch seine extrem schlicht gehaltene Kontur die

Farbe und Form unterstützen den Kontrast des Hauses zur Umgebung.

Die Faserzement-Platten zitieren ortstypische Lagerhäuser.

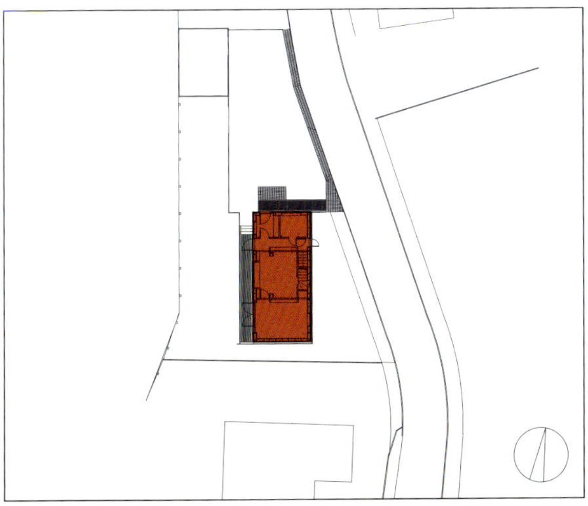

Lageplan

uneingeschränkt moderne Grundhaltung der Bewohner und lässt bereits von außen eine ergonomisch strikt durchgeplante Konzentration von Funktionen und Raumdisposition im Inneren erwarten. Besonders in der Seitenansicht unterstützen die hellen horizontalen Metallprofile den Effekt einer Vierstöckigkeit, was den Eindruck von Höhe noch unterstützt. Die Metallprofile erfüllen vielerlei Funktionen mit einfachsten Mitteln: Sie schließen die Fugen der aneinander stoßenden Platten der Verkleidung, proportionieren die Wandflächen, verhindern den Eindruck einer ungeordneten Verteilung der bewusst in ihrer Größe differierenden Fenstertypen in der Fassade und erreichen einen überraschend eleganten Aufriss der Giebelseite.

Drei horizontal umlaufende Leisten proportionieren die Wandflächen.

Charme und ›schwarzer‹ Humor Man spürt bei diesem charmanten Exemplar des Konturhauses den herausfordernden Humor seiner Entwerfer allerorten, sei es in der rigiden Umsetzung der Außenwandung, die mit ihrer Komplettverkleidung aus Faserzementplatten und dem hohen Kniestock die Scheunen der Gegend zitiert und diese bautypologische Provokation innerhalb eines Wohngebietes durch die schwarze Farbe noch steigert. Anders als gewohnt schließt das Gebäude auch nicht fest mit dem Boden ab, sondern zeigt durch die sichtbaren, ziegelverkleideten Betonblöcke, auf denen es sitzt, die Konstruktion: zuerst eine Schwelle aus Holzleimbindern, die durch Stahlseile verspannt wurde, dann den Hauskasten aus vorgefertigten Holzelementen. Sie sind umweltbewusst aus Holzabfall und dämmenden Zeitungsresten produziert. Das Haus erhielt kurz nach der Fertigstellung einen Preis für umweltverträgliches nachhaltiges Bauen, was die explizit ökologisch ausgerichtete Grundhaltung des Architekten noch einmal bestätigt. Die Wellplatten sind durch eine Metall-Unterkonstruktion fixiert, die gleichzeitig das Vorstehen der Holzfenster ausgleicht und somit eine glatte Wandflucht ermöglicht.

Ein bunt tapeziertes Treppenhaus erschließt die Wohnbereiche und das integrierte Büro.

Vielfalt und Raumökonomie Der Gefahr optischer Tristesse durch seine schwarze Bekleidung wirkt der Entwurf mittels der formalen Vielfalt seiner Fenster und Türen entgegen. Der Zugang scheint nicht nur aus zwei farblich hervorgehobenen Eingängen zu bestehen, sondern bietet zudem die Möglichkeit einer Wahl zwischen Ziegeltreppe und Metallrampe an. Das Innere verhält sich »quite british«: Verteilt platzierte kleine Abstellräume, die »closets«, ersetzen den Keller und die Schränke – ein Feature, dessen praktische Vorteile eigentlich längst auch in deutschen Grundrissen Aufnahme finden sollten. Ländlich mutet die Erschließung des Wohnraums an, den man aufgrund der schmalen Basisfläche des Hauses nur durch die Küche erreichen kann. Mit zwei Bädern und fünf Zimmern in den Obergeschossen überzeugt der Entwurf über seine charakteristische Außenform hinaus zusätzlich durch ein beachtliches Raumangebot.

Die Innenräume des schwarzen Hauses sind hell und funktional.

Das Gittervordach über der Terrasse entspricht der konstruktiven Leichtigkeit des Gesamtentwurfs.

Grundrisse (1:250)

Erdgeschoss
1 Eingang/ Garderobe
2 Flur
3 Technik
4 Küche/Essen
5 Wohnen

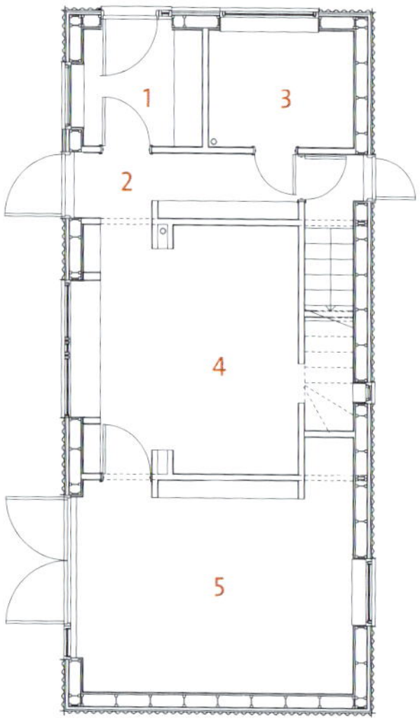

Obergeschoss
1 Bad
2 Zimmer
3 Schrankraum

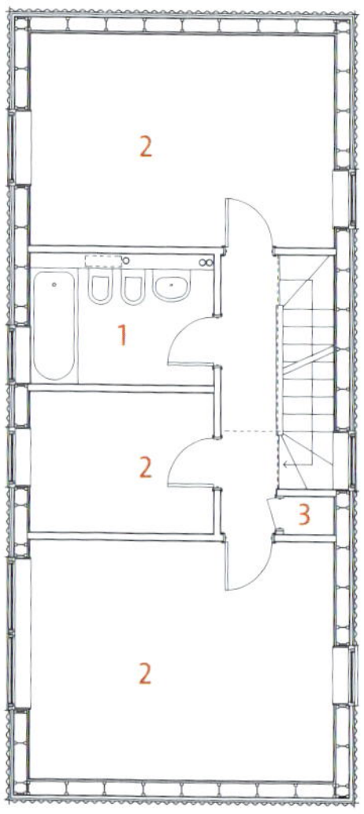

Dachgeschoss
1 Bad
2 Zimmer
3 Schrankraum

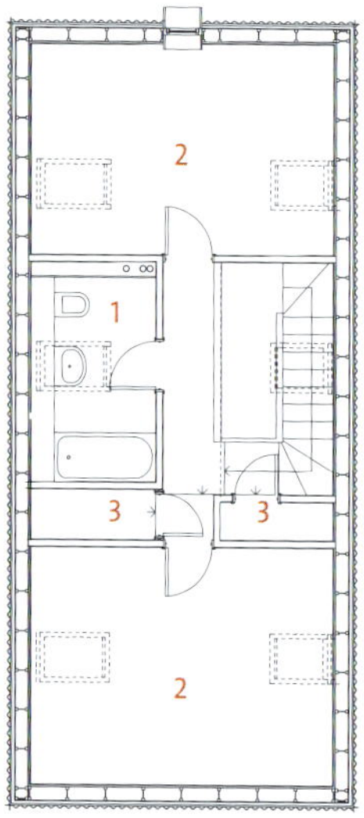

Blick aus dem farbigen Schlafzimmer in die ehemalige Moorlandschaft.

Querschnitt

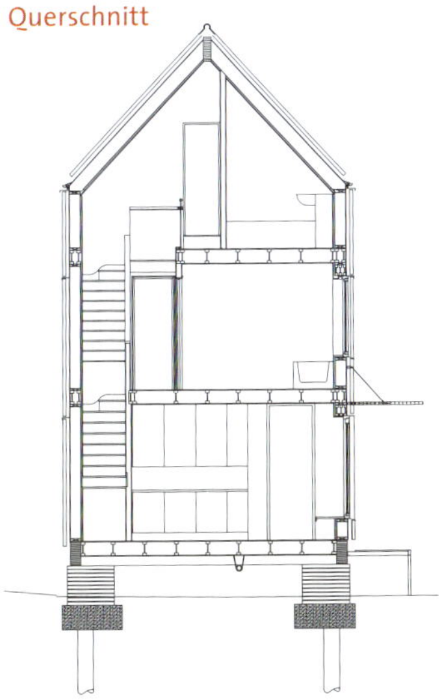

Gebäudedaten

Architekten Meredith Bowles, Kirsten Haggart

Bauplatz Prickwillow near Ely, Cambridgeshire, Großbritannien

Grundstücksgröße 425 m²

Bauweise Vorgefertigte Holzelemente

Planungszeitraum Oktober 2001 bis Juli 2002

Bauzeitraum August 2002 bis April 2003

Anzahl der Bewohner 4

Wohnfläche 150 m²

Nutzfläche 150 m²

Baukosten 257 000 €

Architektenverzeichnis

123DV architectuur & consult, Rotterdam (NL)
Liong Lie, Mitarbeiter:
Fred Gerdes, Wies Nordman
Sint Jobsweg 30 A
NL-3024 EJ Rotterdam
Niederlande
www.123DV.nl
Seite: 134–135
Fotos von: Jan Derwig / Roos Aldershof / 123DV

architektur.terminal, Nenzing (A)
Martin Hackl,
Dieter Klammer
Eugen-Getzner-Straße 7
A-6710 Nenzing
Österreich
www.architekturterminal.at
Seite: 84–87
Fotos von: Andy Sillaber, Dornbirn

Aschwanden Schürer Architekten AG, Zürich (CH)
Theres Aschwanden,
Daniel Schürer,
Mitarbeit: Stephan Bohrer
Fröbelstraße 10
CH-8029 Zürich
Schweiz
www.aschwanden-schuerer.ch
Seite: 114–119
Fotos von: Franz Rindlisbacher, Zürich

Baumewerd – Architekten, Münster (D)
Prof. Dieter Georg Baumewerd, Projektleitung:
Dirk Rosengarten
Coerdeplatz 12
D-48147 Münster
Deutschland
www.baumewerd-architekten.de
Seite: 52–55
Fotos von: Christian Richters, Münster / Stefan Müller, Berlin

bayer|uhrig Architekten BDA, Kaiserslautern (D)
Dirk Bayer, Andrea Uhrig
Beethovenstraße 54–56
D-67655 Kaiserslautern
Deutschland
www.bayer-uhrig.de
Seite: 36–39
Fotos von: Michael Heinrich, München

Bearth + Deplazes Architekten AG, Chur (CH)
Valentin Bearth,
Andrea Deplazes,
Daniel Ladner, Mitarbeit:
Marlene Wallimann
Wiesentalstraße 7
CH-7000 Chur
Schweiz
www.bearth-deplazes.ch
Seite: 102–105
Fotos von: Ralph Feiner, Chur

Titus Bernhard Architekten BDA, Augsburg (D)
Titus Bernhard, Mitarbeiter:
Daniela Spuhler, Helmut Schmid, Stefan Krippl
Bahnstraße 18
D-86199 Augsburg
Deutschland
www.titusbernhard architekten.com
Seite: 42–47
Fotos von: Christian Richters, Münster

Bureau vers plus de bien-être V+, Brüssel (B)
Jörn Aram Bihain, Thierry Decuypere, Shin Hagiwara,
Ingenieur: Kathleen Mertens
43 rue de Chartreux
B-1000 Brüssel
Belgien
www.vplus.org
Seite: 138–143
Fotos von: Patrick Van Roy (S. 140 oben, 142) / Olivier Chenoix (S. 138, 139, 141) / V+

Ebner:Grömer + Handle, Altheim (A)
Johannes Ebner, Franz Grömer, Mario Handle
Gallenberg 19
A-4950 Altheim
Österreich
www.ebner-groemer.at
Seite: 76–79
Fotos von:
Rupert Steiner, Wien

fuchs.maucher.architekten. bda, Waldkirch (D)
Cornell Fuchs,
Michael Maucher
Am Kraftwerk 4
D-79183 Waldkirch
Deutschland
www.fmarchitekten.de
Seite: 56–59
Fotos von: Stefan Durstewitz, Düsseldorf

Gnädinger & Schmid Architekten, Winterthur (CH)
Gnädinger & Dominic Schmid
Wiesenstraße 5
CH-8400 Winterthur
Schweiz
E-Mail:
dominic.schmid@tiscali.ch
Seite: 98–101
Fotos von: Thomas Hämmerli, Gondiswil

heide von beckerath alberts architekten, Berlin (D)
Tim Heide, Verena von Beckerath, Andrew Alberts,
Mitarbeit: Rainer Schmitz
Kurfürstendamm 173
D-10707 Berlin
Deutschland
www.hyp95.de
Seite: 32–35
Fotos von:
Christian Gahl, Berlin

Arkitektfirmaet Claus Hermansen, Århus (DK)
Claus Hermansen,
Mitarbeit: Jonas Qvesel
Filmbyen 23
DK-8000 Århus C
Dänemark
www.claus-hermansen.dk
Seite: 128–131
Fotos von: Anders Kavin, Århus / Poul Ib Henriksen, Århus

INNOCAD Planung und Projektmanagement GmbH, Graz (A)
Roland List, Martin Lesjak, Andreas Reiter, Peter Schwaiger, Bernd Steinhuber
Grazbachgasse 65 a
A-8010 Graz
Österreich
ww.innocad.at
Seite: 94–97
Fotos von: Paul Ott, Graz

thomas jomini & associates architecture workshop, Bern (CH) / jomini zimmermann architekten eth sia, Burgdorf (CH)
Thomas Jomini Architecture Workshop, Valérie Jomini,
Stanislas Zimmermann
Thomas Jomini & Associates
Architecture Workshop

Nordring 42
CH-3013 Bern
Schweiz
www.thomasjomini.ch
Jomini Zimmermann
Architekten ETH SIA
Lyssachstraße 112
CH-3400 Burgdorf
www.j-z.ch
Seite: 120–123
Fotos von:
Joel Tettamanti, Lausanne

Oskar Leo Kaufmann | Albert Rüf, Ziviltechniker GmbH, Dornbirn (A)
Oskar Leo Kaufmann | Albert Rüf
Steinebach 3
A-6850 Dornbirn
Österreich
www.olk.cc
Seite: 88–93
Fotos von:
Adolf Bereuter, Lauterach

Architekten Klingholz, Fürst, Niedermaier, München (D)
Tobias Fürst, Katja Klingholz, Hans Niedermaier, Architekten BDA, Mitarbeit: Jennie Schroth (Studentin), Sigrun Ritthaler (Landschaftsarchitekten)
Baldestraße 19
D-80469 München
Deutschland
www.derhausladen.de
Seite: 64–67
Fotos von: Hans Niedermaier

Maas Architecten bv, Lochem (NL)
Gerard Plug,
Postbus 47
NL-7240 AA Lochem
t'Ei 1
NL-7241 AK Lochem
Niederlande
www.maasarchitecten.nl
Seite: 132–133
Fotos von: Maas Architecten

MMZ Marzluf Maschita Zürcher Architekten BDA, Frankfurt am Main (D)
Thomas Zürcher, Dilek Dogan, Claus Marzluf, Raimund Maschita
Baumweg 45
D-60316 Frankfurt am Main
Deutschland
www.mmz-architects.com
Seite: 60–63
Fotos von:
Jörg Hempel, Aachen

Mole Architects Ltd., Prickwillow, Cambridgeshire (GB)
Meredith Bowles,
Kirsten Haggart
The Black House,
Kingdon Avenue
Prickwillow
UK-Cambs CB7 4UL
Großbritannien
www.molearchitects.co.uk
Seite: 150–155
Fotos von: Mole Architects

Florian Nagler Architekten, München (D)
Florian Nagler Architekten, Mitarbeit: Stefan Lambertz, Felix Lukasch, Matthias Pätzold
Marsopstraße 8
D-81245 München
Deutschland
www.nagler-architekten.de
Seite: 40–41
Fotos von: Stefan Müller-Naumann, München

Niederwöhrmeier + Kief Freie Architekten BDA, Nürnberg (D)
Prof. Dr. Hartmut Niederwöhrmeier und Dr. Heidi Kief-Niederwöhrmeier, Projektbearbeiter: Jürgen Schmidt, Mitarbeiter: Helena Grüssmer, Markus Kohl, Freianlagen mit: Bernhard Lorenz, Nürnberg
Castellstraße 103
D-90451 Nürnberg
Deutschland
www.architektenNK.de
Seite: 48–51
Fotos von: Gerhard Hagen, Bamberg / Niederwöhrmeier + Kief

Périphériques Architectes, Paris (F)
Anne-Françoise Jumeau, architecte de groupe Périphériques + Louis Paillard, architecte, Mitarbeit: Shirin Riassi, Stéphane Razafindralambo, Joachim Swillus
c/o Anne-Françoise Jumeau
4, passage de la Fonderie
F-75011 Paris
Frankreich
www.peripheriques-architectes.com
Seite: 144–149
Fotos von: Hervé Abbadie, Paris (S. 145, 146, 147 rechts, 148, 149) / Luc Boegly, Paris (S. 144, 147 links)

pfeifer. kuhn. architekten, Freiburg i. Br. (D)
Prof. Günter Pfeifer, Christoph Kuhn – pfeifer. kuhn. architekten (bis 30.06.2005: pfeifer. roser. kuhn Architekten) Projektleitung: Thomas Gillich, Mitarbeit: Simone Wechsler
Gartenstraße 19
D-79098 Freiburg im Breisgau
Deutschland
www.pfeifer-kuhn.de
Seite: 68–71
Fotos von: Ruedi Walti, Basel

S333 Architecture + Urbanism, Amsterdam (NL)
Burton Hamfelt, Chris Moller, Dominic Papa, Jonathan Woodroffe,
Overtoom 197
NL-1054 HT Amsterdam
Niederlande
www.s333.org
Seite: 136–137
Fotos von: Jan Bitter, Berlin

Steinmann & Schmid Architekten AG BSA SIA, Basel (CH)
Peter Steinmann, Herbert Schmid, Mitarbeit: Thomas Güntensperger
Rebgasse 21A
CH-4058 Basel
Schweiz
www.steinmann-schmid.ch
Seite: 106–109
Fotos von: Ruedi Walti, Basel

Atelier Sturmberger-Moser, Linz (A)
Andreas Sturmberger, Dietmar Moser
Lützelburgstraße 1 / Roseggerstraße 17
A-4020 Linz
Österreich
www.sturmberger-moser.com
Seite: 80–83
Fotos von: Rheinzink Austria / Atelier Sturmberger-Moser

Architekturbüro Tettamanti, Schiers (CH)
Riccardo Tettamanti
Dorfstraße 28
CH-7220 Schiers
Schweiz
Internet: www.architetta.ch
Seite: 124–127
Fotos von: Ralf Feiner, Chur (S. 124, 126) / Riccardo Tettamanti (S. 125, 127)

x architekten, Linz-Wien (A)
Rainer Kasik, David Birgmann, Max Nirnberger, Lorenz Prommegger, Bettina Brunner mit Monika Liebmann, Linz
Industriezeile 36/4
A-4020 Linz
und:
Gumpendorferstraße 63 g/15
A-1060 Wien
Österreich
www.xarchitekten.com
Seite: 72–75
Fotos von: Max Nirnberger

Zech Architektur, Romanshorn (CH)
Andreas Zech
Schulstraße 4b
CH-8590 Romanshorn
Schweiz
Internet: www.zech.ch
Seite: 110–113
Fotos von: Zech Architektur / Thomas Hämmerli, Gondiswil

Literaturempfehlung

Aicher, Otl/Krampen, Martin, Zeichensysteme der visuellen Kommunikation. Handbuch für Designer, Architekten, Planer, Organisatoren (1977), Neuausgabe: Berlin 1996.
Jencks, Charles, Post-Modernism. The New Classicism in Art and Architecture, New York 1987.
Kähler, Gert (Hg.), Geschichte des Wohnens, Band 4: 1918–1945. Reform – Reaktion – Zerstörung, Stuttgart 1997.
Klotz, Heinrich, Moderne und Postmoderne. Architektur der Gegenwart 1960–1980, 3., durchges. Aufl., Braunschweig 1987.
Krieger, Jan, Das kleine Haus. Eine Typologie, Sulgen 1995.
Kruft, Hanno-Walter, Geschichte der Architekturtheorie. Von der Antike bis zur Gegenwart, 4. Aufl., München 1995.
Laugier, Marc-Antoine, Das Manifest des Klassizismus (= Essai sur l'architecture, 1753), Nachdruck: Zürich 1989.
Lefaivre, Liane/Tzonis, Alexander, Critical Regionalism. Architecture and Identity in a Globalised World, München 2003.
Mutlow, John V. (Hg.), The American House. Design for Living, New York 1992.
Reulecke, Jürgen (Hg.), Geschichte des Wohnens, Band 3: 1800–1918. Das bürgerliche Zeitalter, Stuttgart 1997.
Rykwert, Joseph, Adams Haus im Paradies. Die Urhütte von der Antike bis Le Corbusier (1972), Berlin 2005.
Schmitthenner, Paul, Das deutsche Wohnhaus, Baugestaltung. Erste Folge (1932), 3., veränd. Auflage 1950, Nachdruck: Stuttgart 1984.
Schultze-Naumburg, Paul, Der Bau des Wohnhauses, München 1917.
Scully, Vincent, The Shingle Style Today, or the Historian's Revenge (1978), 8. Aufl., New York 1996.
Stratemann, Siegfried, Das große Buch vom eigenen Haus. Eine Entwurfslehre für das Eigenheim, München 1954.
Tessenow, Heinrich, Hausbau und dergleichen (1916), 4. Aufl., Baden-Baden 1953.
Ungers, Oswald Mathias, Die Thematisierung der Architektur, Stuttgart 1983.
Venturi, Robert, Komplexität und Widerspruch in der Architektur (1966), Nachdruck: Braunschweig 1993 (= Bauwelt Fundamente Bd. 50).
Vitruv (Marcus Vitruvius Pollio), Zehn Bücher über Architektur (zw. 22 u. 14 v. Chr.), 5. Aufl. der Übersetzung von Curt Fensterbusch, Darmstadt 1996.
Werner, Frank/Schneider, Sabine, Neue Tessiner Architektur. Perspektiven einer Utopie, 3. Aufl., Stuttgart 1991.

Bildnachweis

Umschlaggestaltung unter Verwendung der Bilder von S. 103 (vorne), 32, 48, 124, (6) © Périphériques Architectes, (7) © Veronika Demuth / © heide von beckerath alberts architekten, Christian Gahl, (8) Ettore Camesasca (Hg.), Das Haus, Gütersloh 1971, S. 22 / Experiment Bauhaus, Berlin 1988, S. 152 (Detail) / Otl Aicher/Martin Krampen, Zeichensysteme der visuellen Kommunikation (1977), Neuausgabe: Berlin 1996, S. 143, (9) Erhardt D. Stiebner/Dieter Urban, Zeichen+Signets, Band 2, München 1988, S. 190 / James Steele, Architektur Heute, München 1998, S. 173, Mark Cohn, (10) © Martini & Meyer / Peter Arnell/Ted Bickford (Hgg.), Aldo Rossi, New York 1985, S. 263, Leo Torri / James Steele, ebd., S. 60, Ingrid Voth-Amslinger, (11) Hanno-Walter Kruft, Geschichte der Architekturtheorie, 3., durchges. und erg. Aufl., München 1991, Tafel 92 / ebd., Tafel 35, (12) Guido Harbers, Das Kleinhaus, seine Konstruktion und Einrichtung, München 1930, S. 13 / Gerda Wangerin/Gerhard Weiss, Heinrich Tessenow, Essen 1976, S. 215, Abb. 143 / © Franz Stadler, (13) © Binia Bill, VG Bild + Kunst / Die 25 Einfamilienhäuser der Holzsiedlung am Kochenhof, Stuttgart 1933, S. 70, (14) © Peter Weller / © Schwarz.Jacobi, (15) © Brent Scolpin / Das Hausbuch, Berlin 2001, S. 287, (16) © Steven Izenour (Detail) / © David Franzen (Detail) / Privatarchiv, (17) © Wes Jones / Andreas C. Papadakis (Hg.), Venturi Scott Brown & Associates, London 1992, S. 24, (18) © Oswald Mathias Ungers, Dieter Leistner (Detail) / ›Domus‹, Juni 2001, S. 4 / © Valerio Olgiati, (19) © Robert C. Lautman (Detail) / Thorsten Scheer u. a. (Hgg.), Stadt der Architektur – Architektur der Stadt, Berlin 2000, S. 332, (20) ›GA Houses‹ 68, November 2001, S. 28 / © De Smet-Vermeulen / © Hubertus Adam, (21) © Fernando Higueras (Detail) / © Quirin Leppert, (22) © Baufrösche / © Allmann Sattler Wappner, (23) © Hélène Binet / © Wespi-De Meuron Architekten, Hannes Zenz, (24) © Keller+Wittig Architekten, Erik-Jan Ouwerkerk / © Deppisch Architekten, (25) © B-architecten, Jan Kempenaers / ›GA Houses‹ 68, November 2001, S. 62, H. Ueda (Detail), (26) © Patrick David, Françoise Denoel / © Annette Bartsch, Jean-Luc Valentin / © Dietrich Schwarz, GlassX AG, Zürich, (27) © weichlbauer / ortis, Peter Eder / © Nande Korpnik, (28) © Marte.Marte, Ignacio Martinez (Detail) / © MVRDV / © MG Architecten, (29) © Sergison Bates Architects, Hélène Binet / © Hermann & Valentiny und Partner / © Bearth + Deplazes, Ralf Feiner, (30) © EM2N, Hannes Henz / © Jun Aoki, Daichi Ano, (31) © Oskar Leo Kaufmann|Albert Rüf, Adolf Bereuter, (32–35) © heide von beckerath alberts architekten, Christian Gahl, (36–39) © bayer|uhrig Architekten, Michael Heinrich, (40–41) © Florian Nagler Architekten, Stefan Müller-Naumann, (42–47) © Titus Bernhard Architekten, Christian Richters, (48–51) © Niederwöhrmeier + Kief, Gerhard Hagen, (52–55) © Baumewerd-Architekten,

Christian Richters, Stefan Müller, (56–59) © fuchs.maucher. architekten.bda, Stefan Durstewitz, (60–63) © MMZ Marzluf Maschita Zürcher Architekten, Jörg Hempel, (64–67) © Architekten Klingholz, Fürst, Niedermaier, (68–71) © pfeifer. kuhn. architekten, Ruedi Walti, (72–75) © x architekten, Max Nirnberger, (76–79) © Ebner: Grömer + Handle, Rupert Steiner, (80–83) © Atelier Sturmberger-Moser, Rheinzink Austria, (84–87) © architektur.terminal, Andy Sillaber, (88–93) © Oskar Leo Kaufmann|Albert Rüf, Adolf Bereuter, (94–95) © INNOCAD, Paul Ott, (98–101) © Gnädinger & Schmid Architekten, Thomas Hämmerli, (102–105) © Bearth + Deplazes Architekten, Ralph Feiner, (104–107) © Steinmann & Schmid Architekten, Ruedi Walti, (110–113) © Zech Architektur, Thomas Hämmerli, (114–119) © Aschwanden Schürer Architekten, Franz Rindlisbacher, (120–123) © thomas jomini & associates architecture workshop / jomini zimmermann architekten eth sia, Joel Tettamanti, (124–127) © Architekturbüro Tettamanti, Ralf Feiner, (128–131) © Arkitektfirmaet Claus Hermansen, Anders Kavin, Poul Ib Henriksen, (132–134) © Maas Architecten, (134–135) © 123DV, Jan Derwig, Roos Aldershof, (136–137) © S333 Architecture + Urbanism, Jan Bitter, (138–143) © Bureau vers plus de bien-être V+, Patrick Van Roy, Olivier Chenoix, (144–149) © Périphériques Architectes, Hervé Abbadie, Luc Boegly, (150–155) © Mole Architects Ltd.

Impressum

© 2006
Verlag Georg D.W. Callwey
GmbH & Co. KG,
Streitfeldstraße 35,
81673 München
www.callwey.de
E-mail: buch@callwey.de

Die Deutsche Bibliothek verzeichnet diese Publikation in der Deutschen Nationalbibliografie; detaillierte bibliografische Daten sind im Internet über http://dnb.ddb.de abrufbar.

ISBN 3-7667-1664-6

Lektorat: Katrin Pollems-Braunfels
Schutzumschlaggestaltung:
X-Design, München
Typografie und Satz:
Farnschläder & Mahlstedt Typografie, Hamburg
Druck: Jütte-Messedruck Leipzig GmbH
Bindung: Kunst- und Verlagsbuchbinderei, Leipzig

Printed in Germany 2006